LA PARÁBOLA DEL TRIUNFADOR
Cartas a mis hijos

LA PARÁBOLA DEL TRIUNFADOR
Cartas a mis hijos

Dr. Camilo Cruz

LA PARÁBOLA DEL TRIUNFADOR
Cartas a mis hijos

© 2007 · Dr. Camilo Cruz
© 2007 · Taller del Éxito Inc

Editorial Taller del Éxito
info@tallerdelexito.com

Editorial dedicada a la difusión de libros y audiolibros de desarrollo personal, crecimiento personal, liderazgo y motivación.

ISBN: 1-931059-09-8

Printed in Colombia
Impreso en Colombia

Septima edición, 2007
Primera reimpresión, Noviembre de 2007

DEDICATORIA

A mis hijos:
Richard Alexander,
Mark Anthony
y Daniel Sebastian.

Su amor incondicional, su curiosidad sin límites
y su extraordinaria capacidad de maravillarse
con las cosas más simples me han enseñado
a disfrutar cada momento de mi vida.

CAPÍTULO 1

*T*odas las mañanas Farid solía ser el primero en dejar su aposento y salir a contemplar la belleza de los hermosos amaneceres que día a día visitaban su casa en los calurosos días de verano. Quienes le conocían, sabían lo mucho que disfrutaba de ellos, al igual que de todos aquellos pequeños pero majestuosos *milagros de la naturaleza*, como él solía llamarlos.

"Las personas han empezado a perder su admiración por la gran belleza del universo", decía con tristeza el anciano. Hemos permitido que las urgencias de la vida cotidiana obstruyan nuestra capacidad de asombro para con todo aquello que ha sido puesto sobre la tierra para nuestro deleite.

Y, ciertamente, Farid disfrutaba de eventos que para la mayoría de los mortales pasaban inadvertidos. Quizás, debido a esta aparente falta de admiración hacia el universo por parte de los demás, él había decidido echarse a cuestas el admirar todo cuanto podía ser admirado, para compensar, de alguna manera, la indiferencia de los demás.

Ese era Farid; nunca hubo tarea, por agitada que fuese, que le hiciera perder la serenidad y la paciencia, y siempre encontró tiempo suficiente en medio de sus quehaceres para contemplar uno de aquellos milagros, o dar un saludo a quien pasase por su lado. A pesar del arduo trabajo que hubo de realizar desde temprana edad, nadie recuerda haberle oído quejarse por infortunio alguno y todos coincidían en que, ciertamente, Farid era una persona feliz.

Su tez curtida por el sol y su cabello plateado le daban una apariencia apacible, pese a que en sus días de juventud había sido batallador y rebelde. Su riqueza y fortuna eran sólo comparables en tamaño a la grandeza de su corazón y la sabiduría de sus enseñanzas.

Era como si esta sabiduría acumulada a través de tantos años de trabajo, lectura y observación, fuese demasiada para su cabeza y su corazón, y él se viera en la necesidad de darle salida constantemente para abrir campo a nuevos conocimientos.

Esto se evidenciaba en su afán por compartir sus experiencias y enseñanzas con las demás personas, asegurándose que toda tarea, todo logro, o todo fracaso dejara alguna enseñanza en quien lo había experimentado. Y en las raras ocasiones en que nada ocurría, quienes le conocieron, aseguran que Farid llegaba al punto de crear o propiciar situaciones o eventos que dejaran una enseñanza, porque según él cada día que pasara en que uno de sus ayudantes o capataces se retirase a su aposento sin haber aprendido nada, ese había sido un día desaprovechado.

Farid había enviudado años atrás, y aun cuando hubiese querido contar con una numerosa familia, Isabel, su buena esposa, no había podido darle el hijo o hija que heredara su gran fortuna. Él era una persona que amaba tanto dar de sí mismo, que la idea de pasar su vida sin poder compartir dicho legado para que trascendiera en el tiempo, era inconcebible.

Por tal razón, en las postrimerías de su vida, buscaba con ansiedad entre los numerosos trabajadores y mercaderes que usualmente llegaban a su casa, la persona en la cual depositar este legado de sabiduría que él guardaba como el mayor de todos su tesoros. Su esperanza era poder encontrar quien continuara compartiendo con el mundo entero estos principios y enseñanzas que tantos éxitos habían traído a su vida.

La hacienda de Farid era grande y hermosa. Una tierra de bellos parajes que se extendía desde el valle del río Dijhal hasta las colinas del Bataan. Los numerosos afluentes del gran río Dijhal hacían de aquellas comarcas un territorio rico y fértil en el cual se cosechaba algodón, higos, soya y una inmensa variedad de legumbres. Cerca de las laderas del río pastaban inmensos hatos de vacas, bueyes y grandes rebaños de cabras y ovejas. Cientos de mercaderes habían convertido su hacienda en punto de descanso y lugar para el intercambio mercantil de aquella zona.

Para administrar su vasto imperio contaba con la ayuda de dos capataces que se encargaban de los diferentes quehaceres de su hacienda.

Serafín, hombre alto de cabello negro, poblada barba y tez curtida por los largos años de trabajo bajo los inclementes rayos del sol, se encargaba del trabajo manual de la hacienda. Tenía a su cargo los peones que trabajaban en los numerosos cultivos y en el cuidado de los hatos y rebaños.

Serafín vivía una vida despreocupada y su visión del futuro se limitaba a los quehaceres de la semana. Su carácter tosco y temperamental le hacían una persona difícil de tratar. En general, era retraído y evitaba participar en cualquier actividad comunal, prefiriendo la soledad de su habitación. Nadie sabía mucho de su juventud; sólo que desde muy temprana edad sus padres lo habían enviado a trabajar a la hacienda de Farid.

Mateo, hombre escueto, de cabello castaño y ojos pardos, tenía bajo su responsabilidad administrar y mantener el orden, tanto en la casa como en el resto de la hacienda. Su sencillez y carisma le habían ganado la confianza y el aprecio de Farid y del resto de los peones.

Desde hacía algún tiempo Farid y Mateo acostumbraban a dar largas caminatas hacia el final de la tarde, cuando el sol comenzaba a esconderse tras las soñolientas colinas que bordeaban la parte occidental de la hacienda, y el aire fresco volvía a sentirse después de interminables horas de sopor.

En la distancia se dibujaba la silueta del anciano tomado del brazo del joven capataz, y los dos hombres hablaban incansablemente, buscando esquivar los últimos rayos del sol, bajo la sombra de los almendros que adornaban los alrededores de la hacienda. Farid, quien empezaba a ver a Mateo como el hijo que nunca tuvo, compartía con el joven las virtudes más importantes de la persona feliz y exitosa, como él solía llamarlas.

Mateo nunca había tenido grandes ambiciones, y la pobreza extrema que le rodeó durante su infancia y juventud le habían enseñado a conformarse con lo poco que el destino le había deparado. Pretender cambiar esto, era cuestionar la sabiduría del Creador del universo. Eso era lo que creían su padre, su abuelo y el padre de su abuelo, y no iba a ser él quien pusiera en tela de juicio las creencias que sus pasadas generaciones guardaran y protegieran con el mismo recelo con que guardaron y protegieron su fe y sus costumbres.

No obstante, después de muchas tardes de escuchar las palabras de Farid, con la avidez de quien escucha algo por primera vez, Mateo había empezado a entrever la sabiduría que encerraban las palabras de su anciano amo y maestro.

— Cada persona labra su futuro, le decía Farid. Tanto el éxito como el fracaso son el resultado de una profecía hecha realidad.

La persona que triunfa lo logra porque espera triunfar, confía en sus habilidades y está preparado para reclamar su éxito. Aquel que fracasa o es infeliz con su vida, lo es porque no espera triunfar; no espera que nada bueno le suceda y por esta razón no logra ver ni aprovechar las oportunidades que la vida le ofrece.

— Recuerdo que mi padre solía decir con frecuencia: *"Es mejor no esperar demasiado de la vida, de tal manera que no vayamos a terminar desilusionados más tarde"*, decía Mateo con tristeza.

— El problema con esta manera de pensar –decía Farid, alterado por estas ideas– es que es imposible sobrepasar nuestras propias expectativas. Así que si desde un comienzo esperamos poco de la vida, tristemente ella se encargará de llenar nuestras expectativas.

Sin embargo, a ninguno de nosotros le fue encomendada la tarea de fracasar. Los pordioseros de Bacul no nacieron con la misión de mendigar por las calles.

— Pero no ha sido su culpa haber nacido en medio de la pobreza, mi señor.

— La pobreza, Mateo, más que una condición social es un estado mental. Muchas personas que se encuentran sumergidas en la más profunda miseria, simplemente han aprendido a aceptar esa realidad como su destino, sin rechazarla, o tan siquiera cuestionarla. A los cargadores que pasan toda su vida acarreando pesadas cargas a través de las colinas de Bataan no les fue encomendado este trabajo, ellos lo eligieron.

Todo trabajo es digno Mateo. El tener la capacidad de realizar día tras día tan ardua labor tiene sus méritos. Pero la verdad es que los mercaderes y vendedores que ganan mucho más dinero que los cargadores no poseen muchos más conocimientos que éstos, y en principio quizás enfrentaron las mismas realidades. La única diferencia entre ellos estuvo en la percepción que cada uno desarrolló sobre lo que podían o no alcanzar.

¿Ves? El mercader que sueña con recorrer el mundo y amasar una gran fortuna, sabe que este sueño tiene un precio y sabe que si desea lograrlo deberá trabajar para conseguir convertirlo en realidad. El cargador que se contenta con una labor que le mantendrá atado al mismo lugar por el resto de su vida, proporcionándole escasamente lo suficiente para sobrevivir, también sabe que un precio más alto le puede brindar mejores oportunidades, pero no está dispuesto a pagarlo.

— ¿Cuál es la consecuencia de esta elección? Inquirió el joven capataz.

— Simple, cuando encuentres a un cargador que desearía vivir como un mercader pero no está dispuesto a pagar el precio por ello, puedes estar seguro que habrás dado con un pésimo cargador y un frustrado mercader.

Jamás olvides que inclusive el hombre más pobre de Bacul labró su propio destino. Conoces a Carmisael, ¿verdad? Es aquel pobre anciano que pasa interminables horas bajo los rayos del sol, mendigando por una moneda o por algo de comer. Él fue un hombre fuerte y hábil en sus años mozos, y poseía las mismas habilidades y capacidades que tú o Serafín.

Recuerdo cierta época, cuando mi padre era peón en una de las grandes haciendas algodoneras que se encuentran a orillas del río Dijhal. Carmisael y yo alimentábamos las mulas y limpiábamos los establos por un par de monedas a la semana.

— Me es difícil creer que tú y él hayan trabajado juntos, mi señor.

— Pero así fue Mateo, y en ese preciso momento durante el transcurso de nuestras vidas, tanto él como yo enfrentamos circunstancias similares. La única diferencia que hay entre lo que él y yo tenemos hoy en día, radica en las decisiones que tomamos a lo largo de nuestras vidas y en las expectativas que teníamos de lo que el destino nos deparaba.

Las barreras, los obstáculos, o las circunstancias que no nos permiten avanzar, casi siempre nos las hemos impuesto nosotros mismos. Lo importante es entender que aunque ellas sean reales, si así lo deseamos, podemos cambiarlas. Todos y cada uno de nosotros está en posibilidad de cambiar sus circunstancias; de derrumbar aquellos obstáculos y barreras que nos están deteniendo. Lo cierto es que todos estamos en posición de determinar qué tan lejos deseamos llegar. Nunca olvides esto Mateo.

Las horas transcurrían rápidamente y el aroma de la cena recién servida traía a los dos hombres de regreso a casa, donde, después de comer, Farid solía pedir a Mateo que compartiera alguna de las enseñanzas que había adquirido aquella tarde.

Capítulo 2

$\mathcal{S}$erafín acostumbraba llegar de las largas faenas con las primeras sombras de la noche, comía rápidamente y después de comunicarle a Farid algunos detalles referentes a las labores del día, o acerca del estado de los cultivos y rebaños, solía retirarse prontamente a un pequeño cuarto no muy lejos del resto de las habitaciones, donde él había elegido vivir; lejos, según él, de las molestias y el ruido de la casa.

Ocasionalmente, Farid le invitaba para que le acompañara a él y a Mateo en sus caminatas vespertinas, pero él siempre solía disculparse y seguir de largo, mientras fumaba su acostumbrado cigarro antes de dormir. Odiaba los "interminables sermones de Farid", como secretamente se refería a ellos, y se jactaba de poder asegurar que pese a romper todos y cada uno de los que su anciano amo consideraba como "elementos esenciales del éxito", él, Serafín, lograría amasar una inmensa riqueza.

Serafín detestaba los quehaceres de la casa y se sentía incómodo cuando debía estar en ella más de lo necesario. A pesar de ser muy activo, su trabajo carecía de orden y pese a las sugerencias de Farid, Serafín era reacio a implantar cualquier sistema que no depositara en él todas las decisiones pertinentes a los cultivos, hatos y rebaños.

Mientras que él se valía de su poder y posición para intimidar a sus peones y lograr favores de mercaderes y comerciantes, Mateo, quien debido a su cercanía con Farid, había empezado a ganar la gran sabiduría que caracterizaba a su amo, hacía uso de ella para obtener el aprecio y la colaboración de los demás.

En cierta ocasión, mientras se encontraban recorriendo uno de los nuevos sembrados, Farid había querido mostrarle a Serafín lo errado de su manera de pensar y actuar.

— Serafín: debes entender que tu trabajo será infinitamente más fácil y más productivo cuando aprendas a sacar a relucir lo mejor de las demás personas, decía Farid. Si no cuentas con la colaboración de las personas que están a tu cargo, el trabajo será mucho más difícil, tanto para ellos como para ti.

Serafín asentía en silencio, pero para sus adentros creía que la única manera de lograr que los peones trabajaran era vigilándolos como perro guardián e intimidándolos por la fuerza, si era necesario.

— ¿Conoces las personas que trabajan para ti? ¿Conoces sus familias? ¿Sabes cuáles son sus problemas o debilidades y cuáles sus fortalezas?

— Con todo respeto patrón, esas cosas no me interesan, respondió secamente Serafín. Los peones sólo entienden exigiéndoles mucho, tratándoles duro y no dándoles demasiada confianza.

Si prestara atención a los problemas personales de cada uno de ellos, no me quedaría tiempo para atender lo verdaderamente importante.

— Pero entiende Serafín, eso es lo verdaderamente importante. Impartir órdenes y amedrentar a la gente para que las cumplan, no sólo es la manera más difícil de lograr que algo se haga, sino que requiere más trabajo de parte tuya y los resultados nunca serán lo que podrían haber sido, de contar con la buena voluntad de las personas que deben realizar dichas tareas.

Si uno de tus trabajadores tiene un problema en su casa, él trae ese problema consigo a su trabajo. Y eso afectará la calidad de su labor y su productividad.

En aquel momento Mateo se unió a los dos hombres y juntos caminaron en silencio hasta la casa. Aun cuando en aquella ocasión su conversación había quedado inconclusa, ésta no sería la última en que Farid intentara cambiar las erradas creencias del testarudo capataz.

Aunque Serafín consideraba a Mateo débil e inmerecedor de tan alta posición dentro de la hacienda, no le envidiaba su trabajo ya que odiaba todas las tareas administrativas. Su lugar era la tierra; sus dominios los hatos de ganado, los caballos y la cobranza de las entradas generadas por las ventas; sus aliados y enemigos, los peones a su cargo.

Capítulo 3

La hacienda contaba con una casona vieja, cuyas paredes poco a poco habían sucumbido ante las inclemencias del tiempo. En alguna ocasión habían vivido en ella los padres de Isabel, la esposa de Farid. En este recinto, a pesar de su precario estado, Farid acostumbraba pasar largas horas sumergido en profundas cavilaciones.

En ocasiones, pasaba días enteros escribiendo en aquel cuarto, sin preocuparle lo que pudiese estar sucediendo en la hacienda, y lo único que solía hacerle abandonar su labor era la lluvia, que en aquel cuarto se filtraba por el techo agrietado a causa de las fuertes lluvias que azotaban la región durante los largos meses de invierno.

Todo el cuarto se encontraba lleno de objetos que el anciano guardaba con recelo, ya que le recordaban la época en que él e Isabel planeaban tener una numerosa familia. Había armarios con atuendos nunca usados, y baúles repletos de escritos realizados en pergaminos especiales, en los cuales él plasmaba sus apreciaciones personales acerca de todo aquello que consideraba necesario para triunfar y alcanzar la felicidad.

Farid guardaba estos escritos como el más preciado de sus tesoros. En cierta ocasión, Samián, uno de sus criados, por equivocación había utilizado algunos de aquellos pergaminos para envolver un trozo de pescado, para uno de los tantos viajeros que paraban en la hacienda. Un par de días más tarde, cuando Farid se enteró de lo sucedido, ordenó a Serafín salir tras aquel viajero y recobrar sus pergaminos.

A regañadientes, el capataz emprendió el viaje que le tomó dos días. Su enfado fue tal que nunca volvió a dirigirle la palabra a Samián. Por su parte, el agradecido anciano hizo preparar una cena especial para celebrar el haber recobrado su invaluable tesoro. Así de valiosos. eran estos escritos para él. Una vez recobrados aquellos pergaminos, Farid transcribió nuevamente su contenido a unos nuevos y prohibió que los criados volvieran a entrar en aquel cuarto.

Fue después que los monzones arrasaron con mayor severidad que en años anteriores las laderas del río Medila, donde su hermano había decidido radicarse años atrás, cuando Farid decidió visitarle, para tratar de convencerle que volviera a administrar la hacienda junto con él. Antes de salir en el viaje que le ausentaría por algo más de un año, Farid reunió a sus dos capataces para encomendarles ciertas tareas que quería que ellos realizaran durante su ausencia.

— Mateo, a ti debo confiarte una tarea que es penosa para mí. Quiero que guardes con el mayor cuidado todo lo que encuentres en la casona y que derrumbes esas cuatro paredes, antes que el tiempo lo haga sin avisar, y pueda lastimar a alguien.

Te he recomendado esta tarea porque tú, mejor que nadie, sabes lo mucho que representa para mí cada pedazo de papel que se encuentra allí. Si pudiera pedirte que guardaras las mismas paredes, te lo pediría. He querido que esto se haga en mi ausencia, porque cuando hayas terminado de tumbar esa vieja casona, un pedazo de mi ser habrá dejado de existir.

Mateo podía percibir el profundo dolor que le provocaba a Farid el dar aquella orden. Él sabía los muchos recuerdos que ese recinto guardaba para su amo, quien a pesar de contar con decenas de hermosos parajes, cuartos o estancias en la hacienda donde escribir, había escogido aquel polvoriento aposento para hacerlo.

No era simplemente derrumbar cuatro paredes lo que su amo le pedía. Era hacerlo sin destruir la sabiduría con que se habían impregnado cada uno de los rincones. Era tratar de preservar el recuerdo de su amada Isabel, presente en cada uno de los rayos de luz que se colaban por entre los agrietados muros. Era deshacerse del viejo espacio físico sin que, de alguna manera, se destruyera o perturbara el ambiente sobrenatural y místico que allí se respiraba.

— Mi señor, sé cuanto representan estas gastadas paredes para ti y lo difícil que debe haber sido vuestra decisión. Haré cuanto esté en mi poder para realizar esta difícil tarea de la manera más digna posible.

— Sé que así será Mateo, sé que así será.

— A ti Serafín, quiero encomendarte la tarea de construir una nueva casa. El trabajo de la hacienda está aumentando y a mi regreso efectuaremos algunos cambios para que todo marche de una manera más eficiente. Escoge el sitio que consideres más apropiado.

Lo único que te pido es que construyas la mejor casa posible. Asegúrate de utilizar sólo materiales de la mayor calidad y comprar los mejores productos que encuentres. Busca y contrata los trabajadores más hábiles y no te preocupes por cuanto pueda costar, deseo que esta casa sea digna de quien la ocupará.

— Como usted diga patrón, respondió Serafín. Puede estar seguro que haré el mejor trabajo posible.

CAPÍTULO 4

A la mañana siguiente, antes del amanecer, Mateo acompañó a su amo hasta las afueras de la hacienda. Desde allí Farid seguiría con su caravana hasta el puerto de Ameed que se encontraba sobre el río Dijhal. Una vez allí, el viaje continuaría en barco durante las siguientes dos semanas, hasta arribar el extremo oriental del mar Mediterráneo, desde donde proseguiría nuevamente por tierra durante las dos últimas jornadas.

Un par de días después de la partida de su amo, Mateo comenzó con la meticulosa tarea de guardar todas las pertenencias de Farid en baúles reforzados, prestando especial atención a sus preciados pergaminos. Estos los depositó en cajones especiales, asegurándose de mantenerlos secos para que la humedad no los fuese a deteriorar.

El joven capataz no alcanzaba a imaginarse que éste sería el primero de muchos días que le consumirían leyendo los cientos de pergaminos que, una y otra vez, su amo le invitara a leer, pero que por respeto y por la cantidad de quehaceres diarios que solían ocuparle, siempre declinó.

No obstante, en esta ocasión, Mateo no resistió la tentación de ojear los pergaminos y pronto se encontró sumergido en su lectura, ávido de toda la información contenida en ellos.

Cada pergamino relataba hermosas leyendas llenas de enseñanzas que Farid había escrito o recogido de sus viajes; historias, fábulas y observaciones que él había plasmado a lo largo de más de treinta años. Cada uno con una idea central escrita en tinta roja de flor de cactus y posteriormente, una explicación de lo que significaba, acompañada de una breve referencia a las extraordinarias consecuencias que esta enseñanza representaría para quien decidiese aplicarla. Al final de cada historia había algunas instrucciones específicas para el hijo que siempre esperó, acerca de qué pasos dar para vivir una vida plena y feliz.

A medida que Mateo leía cada uno de los pergaminos, era más evidente para él que el éxito de su amo, inexplicable en ocasiones, porque parecía contra el lógico proceder, no había sido el resultado de la suerte y la buena fortuna como muchos argüían, sino el resultado de un plan metódicamente concebido y puesto en marcha.

Era claro para Mateo que inclusive las aventuras financieras más arriesgadas y desafiantes que él había observado en su amo, aventuras de las cuales Farid, milagrosamente, parecía siempre salir bien librado, no habían sido tan insensatas como incluso en cierta ocasión él mismo había llegado a pensar, sino que eran riesgos calculados, basados en sólidos principios que Farid siempre estuvo dispuesto a compartir con cualquier persona. Curiosamente, muchas fueron las burlas y pocos los oídos dispuestos a prestar atención a tan sabias enseñanzas.

Cuando la totalidad de los artículos, prendas y pergaminos que se encontraban en el cuarto habían sido recogidos, limpiados y guardados cuidadosamente, Mateo comenzó con la demolición de la casa.

Acordándose de las palabras de su amo, Mateo resolvió guardar intacta una hornilla de adobe que se encontraba en el centro de la habitación, la cual aparentemente nunca había sido utilizada. Farid había colocado sobre ella un gran tablón de cedro y la utilizaba como mesa para escribir sus pergaminos. Supuso que su amo estaría muy contento de encontrar parte de su viejo aposento en la nueva casa, la cual, asumió, seguramente dedicaría para continuar su labor de escribir.

Después de emplear toda una jornada removiendo el viejo mesón con la ayuda de un par de criados para evitar que éste se desmoronara, Mateo halló un cofre que se encontraba semienterrado en el sitio donde había estado la mesa.

Este tipo de cofre de madera con enchapes de cobre, generalmente se utilizaba en largos viajes para proteger los objetos valiosos, joyas y documentos importantes, de las inclemencias del tiempo. Era la primera vez que él lo veía, por lo cual presumió que debía haber estado enterrado allí durante muchos años. Era evidente que aquel baúl había sido puesto en ese lugar antes de la construcción de la hornilla, ya que no parecía haber manera de haberlo colocado allí después de construida.

El cofre estaba sin llave, así que el joven capataz decidió examinar su contenido para asegurarse que no hubiese algo allí que pudiera romperse o estropearse al moverlo. Sin embargo, lo que encontró fue una colección de diez pergaminos cuidadosamente enrollados y envueltos en una bolsa de cuero.

Grabada en la cubierta de cuero se encontraba la leyenda:

Leyes Universales del Éxito

Debajo, en letras más pequeñas, escrita con una tinta distinta y más fuerte, lo cual le hizo pensar que había sido agregado mucho después, se podían leer las palabras: *Cartas a mi Hijo*.

Por su apariencia y por la tinta utilizada, se podía adivinar que estos eran algunos de los primeros escritos que Farid había realizado. Debido quizás al misterio y peculiaridad que rodeaban a aquellos pergaminos, Mateo decidió no abrirlos en aquel lugar, en parte porque, una vez desocupado el cuarto, el polvo parecía haber invadido cada uno de los rincones de la casona. Su recámara, después de la cena, sería un lugar más apropiado para examinar tan enigmático hallazgo.

Aquella noche, Mateo, quien comúnmente cenaba sin prisa alguna, terminó pronto su comida y se dirigió rápidamente a su cuarto donde le esperaba aquel misterioso tesoro.

Con mucho cuidado, desenrolló poco a poco los pergaminos, asegurándose de no aplicar demasiada presión al abrirlos ya que el papel reseco podría quebrarse fácilmente. Cada uno de ellos parecía ser en realidad una carta que Farid dirigía al hijo que nunca tuvo.

¡Qué buen padre podría haber sido Farid! Estos pergaminos eran su mayor muestra de amor. Él deseaba que el mayor legado para su hijo no fuesen sus tierras, ni sus haciendas, ni la enorme fortuna que había acumulado a lo largo de toda su vida. Él creía que el mejor legado que podía dejar a su hijo era compartir con él las reglas del éxito que le habían ayudado a triunfar en su propia vida, y eso era lo que buscaba hacer con cada uno de estos pergaminos.

Capítulo 5

El primer pergamino que Mateo leyó, hablaba de una de las ideas que con mayor frecuencia había escuchado de labios de su apreciado amigo durante sus acostumbradas caminatas. La lectura de los demás pergaminos que había encontrado en el cuarto lo había acercado mucho más a su amo, a quien ahora comenzaba a considerar más como a un amigo que como a un patrón.

Este primer pergamino llevaba el título:

En ti existe el poder para cambiar el mundo

En esta carta Farid escribía acerca de lo que él llamaba la primera y más importante ley del éxito, el entendimiento por parte de cada ser humano que dentro de sí se encuentra el poder para cambiar el mundo.

Farid siempre creyó que todo ser humano, por insignificante que pudiera parecer la tarea que desempeñara, guardaba dentro de sí un enorme poder. Él creía que las personas cuyos descubrimientos, observaciones o teorías eventualmente habían cambiado la historia de la humanidad, no eran seres dotados de aptitudes sobrenaturales, sino personas comunes y corrientes que habían entendido el poder que residía dentro de ellas, lo habían aceptado y lo habían aprendido a utilizar.

La carta decía:

Querido hijo:

Espero que un día puedas leer estos mensajes, porque todos los he escrito contigo en la mente, a pesar de no saber si algún día pasarás de ser un anhelado sueño a ser una realidad.

Cuando escucho preguntar acerca de los esquivos secretos del éxito no puedo más que sonreír, ya que para mí éstos son muy claros y la verdad, tienen poco de secreto, puesto que están al alcance de cualquiera que desee aprenderlos. Quizás les llamamos secretos porque parecen, de alguna manera, evadir a la mayoría de las personas. Sin embargo, como verás en estas cartas, son las personas quienes en ocasiones, a pesar de decir que quieren triunfar, parecen siempre actuar de manera contraria a los principios del éxito.

Como ya tú lo descubrirás a su debido tiempo, la búsqueda del éxito ha sido factor inquietante para miles de personas a todo lo largo de la historia de la humanidad. Los grandes triunfadores siempre han sido centro de atención y gran escrutinio por parte de aquellos que, estudiando sus vidas, han querido aprender qué es lo que los diferencia de la persona promedio; qué es lo que los separa del resto de la humanidad. Y déjame decirte, hijo mío, que yo no he escapado a esa curiosidad. Por el contrario, creo haberme convertido en un testarudo estudiante del éxito, no queriendo dejar escapar el más mínimo detalle que pueda mostrarme el camino a la realización de una vida plena y feliz.

Pienso que cada suceso, cada caída, cada experiencia, buena o mala, trae consigo una enseñanza. Sin embargo, siempre me ha apasionado observar las vidas de aquellas personas que con su ejemplo han cambiado la historia de la humanidad.

Tan diferentes como eran sus sueños, tan diversas como fueron sus experiencias, destrezas y conocimientos, la fuerza que parece haber siempre empujado a estos grandes visionarios ha sido su profundo deseo de triunfar.

Al estudiar las vidas de estos grandes triunfadores he podido encontrar ciertos elementos, características y principios comunes a todos ellos. Pero más importante aún, he aprendido que estos mismos principios nos pueden ayudar a utilizar el máximo de nuestro propio potencial, de manera que nosotros también podamos alcanzar el éxito en nuestras vidas.

Estos principios son tan infalibles como las leyes naturales que gobiernan el universo, porque se aplican a cualquier persona, en cualquier campo, bajo cualquier circunstancia, ya sea que sepamos de ellos o no. Por esto he decidido llamarlos *Las leyes universales del éxito*.

Y como verás a través de estos pergaminos, estos principios los he aprendido de observar las enseñanzas de la naturaleza misma y de aprender del éxito alcanzado por otras personas.

Esta primera ley, creo yo, encierra el mayor secreto para alcanzar el éxito y la felicidad. No te quepa la menor duda, *en ti existe el poder para cambiar el mundo*.

Sin embargo, no permitas que la grandiosidad de esta expresión te intimide. Es posible que cambiar el mundo sea una meta difícil para una sola persona y no creo que éste, necesariamente, deba ser nuestro objetivo, pero es sorprendente ver lo que puedes lograr si comienzas cambiando una persona a la vez, comenzando contigo mismo.

Lo cierto es que un ser humano comprometido con un propósito firme, dando pasos pequeños, puede cambiar su mundo. Algunos han logrado impactar positivamente en la vida de miles y miles de personas con sus descubrimientos y enseñanzas. No obstante, esto no desmerita la labor de quien con su ejemplo logra influir de manera positiva en la vida de tan solo otro ser humano. Si eso es todo lo que logras durante el transcurso de tu vida, podrás sentirte orgulloso de haber experimentado uno de los mayores éxitos al que cualquier persona puede aspirar.

Déjame contarte una historia de algo de lo que fui testigo cuando visité por primera vez las hermosas costas del mar Mediterráneo. En aquella ocasión me encontré con un viejo amigo, quien me relató un suceso fascinante que le había acontecido un par de días antes.

El hecho tuvo lugar durante su primer día en aquel lugar. La pequeña cabaña donde se hospedaba no estaba muy lejos de las blancas arenas. Una mañana, cuando el sol apenas comenzaba a dibujarse en el horizonte, pudo observar a la distancia la silueta de una persona que caminaba por la playa, y quien repetidamente se agachaba, recogía algo de la arena y luego lo arrojaba al mar.

A medida que la otra persona se fue acercando al lugar donde él se encontraba, se dio cuenta que se trataba de un joven originario de aquella región, quien recogía las estrellas de mar que habían sido arrastradas hasta la playa por la marea y las devolvía al mar nuevamente. Tal era su afán y concentración en dicha tarea que no se percató de la presencia de mi amigo, quien atentamente lo había seguido con la mirada hasta tenerlo ahora sólo a unos pocos pasos.

Con un tanto de curiosidad, mi amigo se acercó al hombre y le dijo:

— Buenos días amigo, he estado observándole durante algún tiempo y la verdad, me da la impresión que usted quisiera poder regresar todas y cada una de estas estrellas de nuevo al mar.

— Así es. ¿Quisiera usted ayudarme?

— ¿Pero acaso no se da cuenta de lo inútil que resulta dicha tarea?

— ¿Inútil? Respondió el hombre. ¿Qué hay de vano en querer ayudar a retornar al mar a estas indefensas criaturas que la marea ha arrastrado hasta la playa? Si no las ayudo a retornar pronto al mar, seguramente morirán.

— ¿Pero no se da cuenta que debe haber miles de estrellas a lo largo de toda la playa, y que le va a ser imposible llegar a todas ellas? ¿No entiende que simplemente son demasiadas estrellas, y lo poco que pueda lograr no va a hacer ninguna diferencia?

¿Acaso no ves que lo mismo seguramente habrá sucedido en cientos de playas a lo largo de toda la costa, y que por más buenas intenciones que tengas, tu trabajo o mi ayuda no van a detener este proceso y no evitará la suerte que les espera a estos desdichados animales?

Sonriendo, el nativo se agachó nuevamente, recogió otra estrella de mar y volviéndose a mi amigo le dijo:

— Le puedo asegurar que, si no en la vida de todas, yo estoy a punto de hacer una gran diferencia en la vida de ésta, tras lo cual la arrojó con toda su fuerza al mar.

¿Ves hijo mío? Si esperas hasta asegurarte que una decisión tuya va a poder cambiar la vida de miles de personas, antes de tomar acción, seguramente dejarás pasar de largo la oportunidad de poder influir en la vida de la persona que se encuentra frente a ti. La mejor manera de cambiar el mundo es empezar con una sola persona.

La mayoría de nosotros nunca llega a entender completamente la grandiosidad de nuestra misión en la tierra. Todo ser humano ha sido investido con el extraordinario poder de influir positivamente en las vidas de otras personas. Sé que esto le puede parecer imposible a quien debe realizar un gran esfuerzo para tan siquiera creer en sí misma. Sin embargo, lo cierto es que si cada uno de nosotros se diese a la tarea de influir de manera positiva en la vida de otro ser humano, o de animarle en su lucha, o de ayudarle a levantarse en sus caídas, seguramente tendríamos un mundo mejor.

Cuando deambulo por los mercados de Bacul me sorprende ver cómo muchas personas caminan junto a otras, día tras día, sin tan siquiera brindarles un saludo. Tan preocupadas andan con sus propios quehaceres y tan ensimismadas en sus tribulaciones, que pasan por la vida sin enterarse que hay asuntos y preocupaciones mucho más trascendentales. Sus miradas se encuentran siempre dirigidas hacia adentro y no hacia afuera. Andan siempre enfocados en sí mismos, midiendo su éxito únicamente en función de sus logros personales.

Hijo mío, recuerda que el verdadero éxito es aquel que construimos ayudando a otros a triunfar. Pon tu mirada en otras personas, recuerda que por pequeño que creas ser, en ti ha sido depositado un honor y una responsabilidad que ningún otro ser en el universo posee: la capacidad de aliviar la carga de otro ser, de proveerle tu amor y mostrarle con tu ejemplo que él también es importante.

Sé que cambiar el mundo puede parecer una tarea demasiado grande para cualquier ser humano. Pero, empieza tomando una estrella de mar a la vez y dale la oportunidad para que experimente una vez más la alegría de vivir un nuevo día.

CAPÍTULO 6

*L*os días pasaban y después de las largas faenas Mateo regresaba a casa, cenaba rápidamente y se retiraba a leer una y otra vez los escritos de Farid. Había decidido encargarse personalmente del trabajo de la demolición, temiendo que la falta de cuidado de otro trabajador pudiese estropear otro inesperado tesoro que albergara la vieja casona y que su amo hubiese olvidado mencionar.

Era tal su interés por aquellos maravillosos escritos que frecuentemente solía perder la noción del tiempo. En cierta ocasión fue sorprendido por los primeros rayos del sol leyendo y releyendo uno de los pergaminos que había logrado cautivarle y no le había dejado dormir.

Aquella segunda carta llevaba el título:

La semilla de grandeza se encuentra dentro de ti

En este pergamino Farid describía al gigante que reside dentro de cada uno de nosotros. Reflexionaba acerca de cómo cada ser humano está dotado con la habilidad para aprender y desarrollar todas las aptitudes y destrezas necesarias para triunfar en la vida. Su carta empezaba así:

Querido hijo:

Tú eres quien eres y te encuentras en el lugar donde estás, como resultado de todo lo que ha encontrado cabida en tu mente.

Dentro de ti hay un gigante, capaz de alcanzar todas las metas que te propongas. No obstante, sólo hasta que tú creas esto sin cuestionamientos, aceptes la grandiosidad de tu ser y no dudes de tus capacidades, podrás verlo en acción.

Hace muchos años, cuando aún era yo un adolescente rebelde y sin rumbo, cuya visión no iba más allá de los quehaceres diarios, llegó a Bacul un hombre que cambiaría mi vida por siempre. El haberlo conocido me permitió descubrir en mí algo que muchas veces antes mi padre había intentado ayudarme a ver, pero que sólo hasta aquel día pude reconocer.

Te puedo asegurar que de él recibí la mayor de todas las enseñanzas que haya podido aprender de cualquier ser humano. Su efecto en mí fue tal, que al día siguiente cuando desperté, fue como si ya no fuese la misma persona del día anterior. De repente tuve una gran claridad acerca de las fallas de mi pasado y de las grandes oportunidades que se encontraban aún frente a mí. Pero más importante aún, por primera vez tuve la certeza de poseer las aptitudes y destrezas necesarias para aprovechar dichas oportunidades.

Aquel anciano, de apariencia apacible y un tanto misteriosa, había llegado una fría noche, entrado ya el invierno, y se había hospedado en una humilde posada en las afueras del pueblo.

Al día siguiente, el día de mercado en la plaza principal del pueblo, se le había visto caminar por entre los mercaderes y viajeros, saludando y platicando con todos por igual, con tal familiaridad que quien no fuese del pueblo juraría que aquel anciano debía ser una figura prominente y de mucha influencia allí.

Hacia el mediodía el anciano se había ubicado bajo un gran árbol que se encontraba en la mitad de la plaza, cuyas ramas cobijaban gran parte de ella, por lo cual los mercaderes venían a resguardarse bajo su sombra de la inclemencia del sol.

De repente, el anciano habló en voz alta, llamando las personas a su alrededor. Usualmente, los mercaderes ignoraban esta clase de llamados ya que era práctica común entre los cientos de comerciantes que pasaban por aquel lugar el poner su mercancía en algún lugar y luego tratar de llamar la atención de los demás hacía su tienda, gritando, cantando y haciendo cuanto fuera necesario.

Sin embargo, en aquella ocasión la gente se sintió atraída por la figura un tanto enigmática de aquel hombre, por su voz, suave y sonora a la vez, y porque, de alguna manera, no le sentían como un extraño sino como alguien que siempre había sido parte de aquel caserío. Así que al poco tiempo se habían juntado alrededor de unas cincuenta personas, dispuestas a escuchar lo que él tenía que decir. Yo mismo sentí curiosidad al oír la conmoción inicial, y a pesar de encontrarme un tanto distanciado de aquel sitio, inmediatamente corrí y encontré un lugar entre la multitud desde el cual pudiera escucharle. El anciano comenzó hablando con voz pausada y serena. Su blanco atuendo llegaba hasta el suelo y una manta púrpura reposaba sobre sus hombros.

— He tenido la buena fortuna de recorrer y visitar grandes ciudades en tierras desconocidas para la mayoría de ustedes; bellos parajes que asombran por su belleza y pequeños caseríos y pueblos como éste, llenos de gran vitalidad y comercio.

Todos ustedes han venido aquí hoy con la esperanza de poder vender el fruto de sus cosechas, o la leche o carnes que han producido sus hatos y rebaños. Todos están tratando de conseguir lo suficiente para subsistir, mantener a sus familias y quizás tener algo de sobra, que sea el comienzo de su pequeña fortuna personal.

Sin embargo, el problema es que están tan enfocados en esa pequeña fortuna que desean construir para dejar de herencia a sus hijos, que no han visto la gran fortuna que se encuentra frente a ustedes.

— Bueno, ve al grano y dinos que estás vendiendo para poder continuar con nuestros quehaceres, interrumpió abruptamente uno de los mercaderes.

— No te apresures, que por lo que quiero venderte no vas a tener que pagar ningún dinero.

— En tal caso, dame una docena y déjame continuar mi trabajo a ver si puedo vender mi carga, poder así comprar algunas cosas y regresar al rancho a preparar la venta de la próxima semana, respondió en forma burlona el mercader.

— Ese es precisamente el problema al cual me refería anteriormente. La gran mayoría de ustedes están concentrados en vender su pequeña carga y conseguir lo suficiente para producir otra pequeña carga que puedan vender a la semana siguiente. No obstante, el tamaño de la carga o el producto de las ventas nunca aumenta, los años pasan, el cuerpo no responde igual que cuando éramos jóvenes y el trabajo es cada vez más arduo.

¿Quién de ustedes se ha sentido de esta manera alguna vez? Nadie profirió palabra alguna, pero las miradas evasivas de los presentes y un silencio general que pareció durar una eternidad, lo dijo todo.

¿Qué responderías si te dijera que el mejor comerciante del mundo quisiera poder trabajar para ti, vendiendo toda tu carga al mejor precio posible, o que el mejor trabajador del mundo está listo para ayudarte a duplicar el producido de tu tierra? ¿Y qué pensarías si te dijera que ellos están dispuestos a trabajar para ti absolutamente gratis?

— Diría que estás loco, anciano, gritó otro hombre, lo cual provocó risas y burlas entre los demás.

— ¡Ah! Pero esa persona existe. Es más, yo sé que si les dijera que la puedo traer a trabajar para ustedes mañana mismo, ustedes me pedirían que me asegurara que dicha persona cuenta con ésta o aquella habilidad, ya que cada una de sus actividades demanda habilidades y destrezas especiales, ¿no es cierto?

— ¿Qué habilidades quisieras que tuviera esta persona que va a trabajar gratis para ti por el resto de tu vida? Si pudieras dotarla de cualquier aptitud o habilidad, ¿qué destreza quisiera que ella tuviese?

— Que sea hábil y astuto, gritó el primero,

— Muy bien, dijo el anciano, y procedió a escribir estas cualidades en la tierra, con una rama seca que encontró a su lado.

— Honesto, dijo otro.

— ¡Leal y fiel!

— ¡Trabajador!

— ¡Entusiasta!

— ¡Disciplinado!

— Sabio para los negocios, gritó una mujer.

— Bueno, dijo un niño.

Y así, la gente continuó describiendo las cualidades de este supuesto trabajador óptimo. Perseverancia, gratitud, decisión... fueron algunas de las actitudes que pasaron por mi mente, pero que preferí guardar para mis adentros.

Cuando la gente finalmente calló y pareció no encontrar más atributos de los cuales dotar a aquel trabajador ideal, el anciano pidió a las personas que se reunieran alrededor de todo aquello que él había escrito en el suelo.

— ¿Ven ustedes? Aquí están todas las aptitudes, habilidades y destrezas que a ustedes les gustaría ver en ese trabajador ideal.

— ¿Cuántos de ustedes quisieran verdaderamente tener a esta persona trabajando para ustedes? Todos asintieron.

— ¿Cuántos de ustedes creen que una persona con estas cualidades puede triunfar en cualquier trabajo que emprenda? Nuevamente la aprobación pareció ser general.

— Es más, pregunto el anciano, ¿Cuántos de ustedes quisieran poder poseer estas aptitudes? Esta vez la aprobación fue aún mayor.

Entonces el anciano calló por un momento, recorrió con sus ojos las miradas expectantes de los mercaderes, mujeres y niños que esperaban ansiosamente la siguiente palabra. Y después, suavemente, en un tono no mucho mayor al de un murmullo, el anciano dijo:

— Ustedes las tienen. Ustedes ya poseen todas estas cualidades.

La muchedumbre pareció desconcertada ante aquella aseveración. Fue como si a pesar de lo que esta afirmación representaba, en lugar de ser recibida como una buena nueva que traía esperanza, hubiese sido una mala noticia. Nadie supo qué responder hasta que, armado de todo el valor del mundo, me atreví a decir:

— Si es cierto, como dices, que todos contamos con esas aptitudes, ¿por qué entonces, como bien observabas hace un rato, todos estamos apenas subsistiendo?

— El problema no es que no las tengan, sino que no las utilizan, pero todos y cada uno de ustedes, desde el más joven hasta el más viejo, ya poseen, en mayor o menor grado, cada una de estas cualidades.

No obstante, este argumento siguió sin convencer a las personas. Así que el hombre se incorporó y con una actitud arraigada y desafiante trazó con la rama seca que tenía en la mano un gran círculo alrededor de todas aquellas cualidades que había escrito en el suelo.

— Les voy a probar que lo que estoy diciendo es verdad, dijo el anciano.

Quiero leer cada una de estas cualidades que ustedes mismos han identificado como los atributos del trabajador ideal. Recuerden que ustedes mismos han dicho que cualquier persona que las posea podría triunfar en cualquier actividad.

Cuando lea cada una de ellas quiero que cualquiera de ustedes me detenga cuando mencione una que usted no crea poseer. Si cree que esa cualidad no está presente en su interior, así sea en menor grado, déjenmelo saber.

Una por una, el anciano leyó los más de veinte atributos que la muchedumbre había identificado sin que nadie le detuviera mientras leía.

El anciano estaba en lo cierto. Pero si estas cualidades en realidad se encuentran presentes en nuestro interior, ¿por qué no las utilizamos? ¿Por qué nos comportamos como si no existiesen? ¿Por qué razón no hacemos uso de ellas para alcanzar nuestras metas más ambiciosas y vivir una vida de abundancia y felicidad?

Poco a poco la multitud se fue dispersando, unos cavilantes y pensativos, otros aún desconcertados y otros más indiferentes ante lo que habían escuchado. Camino a casa, ya entrada la tarde, pensé en todo lo que había dicho aquel hombre. Pensé en lo que hasta aquel día había sido mi vida; pensé en la gran sabiduría que encerraba cada una de sus palabras.

Al día siguiente, muy de mañana, me dirigí a la posada donde se hospedaba el anciano para preguntarle qué debía hacer con este nuevo conocimiento; qué debía hacer para cultivar en mí estas habilidades y desarrollarlas al máximo. Sin embargo, el anciano había partido del pueblo muy de mañana y nadie parecía saber qué rumbo había tomado.

Regresé a casa desanimado por no haberle encontrado y aún confuso acerca de cuál era el significado. No obstante, al transcurrir el día, la respuesta a mis inquietudes comenzó a hacerse cada vez más clara. Si estas aptitudes ya residían dentro mí, el primer paso debía ser el aceptar esta nueva realidad y comenzar a actuar como una persona que posee dichas cualidades.

Hasta ese entonces era evidente que no había actuado como si las tuviera, porque no creía contar con ellas, pero el solo hecho de saberme poseedor de estas cualidades había destruido los temores y miedos que no me habían permitido actuar anteriormente.

Nunca más supe de aquel hombre, pero creo que la enseñanza que obtuve ese día fue el comienzo de una nueva vida para mí. Una vida que algún día espero poder compartir contigo, hijo mío.

Como dijera aquel anciano, recuerda que den-tro de ti yace un gigante adormilado, poseedor de grandes dotes y atributos, que sólo espera ser despertado para trabajar para ti en el logro de tus sueños y metas más ambiciosas.

Capítulo 7

$\mathcal{E}$stas dos historias hicieron pensar a Mateo en algo que hasta entonces no había cruzado su mente. Él consideraba que había sido un buen alumno de su amigo, amo y maestro. Sabía lo que todos estos principios representaban para Farid, y aunque en un comienzo se había limitado a escuchar pasivamente las enseñanzas del anciano, poco a poco había empezado a percibir la sabiduría que encerraba cada una de sus palabras.

También era cierto que poco a poco el joven capataz comenzaba a incorporar muchas de estas enseñanzas en su diario vivir. No obstante, si bien estos hábitos le habían convertido en un mejor administrador de la hacienda, hasta ahí había llegado su nivel de compromiso.

Nunca pensó él que el siguiente paso debía ser el compartir estas mismas enseñanzas con otras personas. Pero era claro, después de haber leído estos dos pergaminos, que ese era el próximo paso en este proceso de aprendizaje del cual él no era más que un eslabón.

Toda la sabiduría adquirida, toda su experiencia de poco serviría si no beneficiaba a otras personas.

De repente reflexionó acerca de cierta ocasión, cuando durante uno de los viajes de negocios en el cual tuvo la oportunidad de acompañar a Farid, observó algo que le causó mucha curiosidad y un poco de preocupación.

Mateo había preferido no decir nada en aquel momento, por respeto a su amo, y sólo cuando regresaban a la hacienda se atrevió a preguntarle sobre lo acontecido.

En aquella ocasión Farid se había encontrado con otro hacendado, de nombre Esteban, quien también vendía su grano a uno de nuestros mejores clientes. Y aunque nuestra hacienda estaba en posición de suplir todas las necesidades de grano de aquel cliente, éste había decidido comprarle a las dos haciendas para eliminar el riesgo de depender de un solo proveedor.

Como era de suponer, cualquier problema que el otro hacendado tuviese con su cosecha podía significar un gran incremento en nuestras propias ventas.

Ese era el caso en aquella oportunidad. Esteban tenía problemas con cierta plaga en uno de sus cultivos, que parecía no poder erradicar y era posible que su producción se viese muy disminuida.

Y aunque los problemas de otros no era algo que me produjera ningún regocijo, lo cierto era que el posible aumento en nuestras ventas a causa de dicha situación era una buena noticia en un año particularmente malo para todos los hacendados de la región.

Meses atrás Serafín había encontrado el mismo problema en algunos de nuestros sembrados y después de tratar varios de los remedios comunes, había decidido probar un tratamiento poco usual, sugerido por uno de sus peones. El resultado había sido poco menos que asombroso y la plaga había sido erradicada casi de inmediato.

Hasta ese día todos en la hacienda habíamos guardado aquel como uno de nuestros secretos más preciados, ya que sabíamos que en determinadas circunstancias podía ser de gran valor. Serafín había sugerido en aquella oportunidad que si en algún momento esta plaga llegaba a convertirse en un grave problema para algún hacendado, se podría inclusive pensar en la comercialización de aquel producto, lo cual no le pareció una mala idea, inclusive al mismo Mateo. Sin embargo, no se había hablado más del tema, y además no era algo que contara con la aprobación de Farid.

Pues durante nuestro encuentro con Esteban, incrédulo, vi como Farid le daba paso a paso las instrucciones a nuestro mayor competidor sobre cómo solucionar su problema, y peor aún, sin haberle cobrado un solo centavo. De repente, la posibilidad de aumentar nuestras ventas y dar solución a nuestros problemas financieros se desvanecía ante mis ojos.

No es que yo deseara este mal para Esteban, pero por lo menos pudimos haberle vendido aquel remedio, del cual ya Serafín había preparado varios barriles con dicho propósito.

Al preguntarle a Farid acerca de sus motivos, mi sabio maestro me respondió:

— Mateo, todos los días tenemos la posibilidad de aprender. No obstante, muchas veces olvidamos que en realidad al aprender no estamos creando o inventando nada que ya no existiera. Cuando descubrimos algo, lo único que ha sucedido es que, finalmente hemos podido entender y apreciar algo que siempre estuvo presente, pero que nuestra propia ignorancia no nos había permitido ver.

El remedio para eliminar este mal que afectaba nuestros cultivos nunca fue nuestro, como tampoco era del peón que primero nos lo sugirió. Pude ver tu preocupación cuando decidí compartirlo con Esteban, pero déjame hacerte una pregunta, ¿qué hubiese ocurrido si a aquel peón le hubiese embargado esa misma preocupación? ¿Qué hubiese ocurrido si él se hubiese sentido dueño único de tal secreto y hubiese tenido solamente sus intereses personales en cuenta?

— Seguramente no le hubiese importado compartir con Serafín su idea ya que el hacerlo no le significaría ninguna retribución económica a él.

— ¡Exactamente! Y tanto Esteban como nosotros posiblemente estaríamos aún tratando de solucionar dicho problema.

Mateo, lo que aprendemos de la naturaleza realmente no nos pertenece; el haber tenido el privilegio de haber sido los primeros en observarlo no nos da ningún título de propiedad sobre nada. Lo único que hace es que nos da la oportunidad de enseñar a otros a aprovechar también sus beneficios.

Constantemente escucho personas que dicen estar acumulando valiosos conocimientos en esto o lo otro, pero que nunca comparten dichas vivencias con los demás. Ellos no están acumulando sabiduría. Su experiencia es vana y sin sentido, ya que sólo puede considerarse experiencia cuando logra beneficiar a los demás. Ten eso siempre presente.

La sabiduría es algo que entre más compartes más crece en ti. Sólo si siembras podrás cosechar y a la postre verás que cada cual siempre recoge el fruto de lo que ha sembrado.

Sabias palabras las de Farid, y ciertamente congruentes con un hombre que durante toda su vida nunca paró de dar de sí todo lo que pudo. Su capacidad de dar a los demás era sólo igualada por su deseo de ser lo más justo posible en cualquier situación. Después que Farid se enteró que la cura de esta plaga había venido de uno de sus peones, pidió que recompensaran a aquel hombre con el equivalente a diez jornadas de trabajo y lo asignó a una labor mejor remunerada, como muestra de su agradecimiento.

Estos dos escritos le indicaban a Mateo el camino a seguir. De ahora en adelante comenzaría a compartir con cuanta persona pudiese los secretos del éxito que había recibido de su sabio amigo. Y lo haría con una persona cada vez, como el hombre aquel que daba vida a las moribundas estrellas de mar.

De repente, Mateo se sintió más grande, se sintió más feliz y más completo. Era evidente que existía un gigante dentro de él y estaba dispuesto, no sólo a descubrirlo, sino a ayudar a otros a despertar su gigante interior.

CAPÍTULO 8

. . . .

*E*l siguiente pergamino que encontró Mateo hablaba de lo que Farid llamaba el principio más importante para alcanzar el éxito y vivir una vida de plenitud. Éste llevaba el título:

Vive siempre de acuerdo con los principios del éxito

Sólo podremos esperar triunfar si vivimos nuestra vida en armonía con los preceptos del éxito.

Si nuestra vida está guiada por valores nobles, emociones positivas y fundamentos que construyan y saquen a relucir lo mejor de nosotros, en tal caso, el único resultado posible es una vida de éxito y felicidad.

De otro lado, si permitimos que nuestra vida esté guiada por emociones y valores negativos como la envidia, la pereza, el odio o la deshonestidad, el único resultado posible será el fracaso.

Farid quería que esta idea quedara firmemente cimentada en el corazón de su hijo. La carta introductoria de este pergamino comenzaba así:

Querido hijo:

Para triunfar es importante poner en práctica principios de éxito cada día de tu vida. Es imposible triunfar si actuamos de manera continua en contra de las normas básicas del éxito. Este es el más elemental de todos los preceptos, pero a la vez, es quizás el más ignorado.

El éxito no es un derecho que nos hemos ganado por el sólo hecho de haber nacido, es algo que llega a quienes desean alcanzarlo y están dispuestos a prepararse para obtenerlo. Muchas personas no se pueden explicar su mala fortuna, sin darse cuenta que ésta sólo ha sido el resultado de sus malos hábitos y sus pobres decisiones.

En Bacul, por ejemplo, vive un hombre llamado Ezequiel que ha sido pobre toda su vida. Nunca ha logrado acumular mayor fortuna a pesar de haber estado involucrado a lo largo de toda su vida en numerosos negocios y empresas que debieron haberle producido enormes ganancias. No obstante, Ezequiel siempre parecía derrochar todo su dinero más rápido de lo que podía conseguirlo. Pero como verás, su suerte no fue el resultado de su mala fortuna, lo cierto es que la pobreza que siempre le rodeó fue el resultado de su propio proceder.

Ezequiel nunca ahorró un centavo para los días difíciles, jamás entendió que quien gasta más de lo que gana no sólo está acumulando deudas sino que está cavando su propia fosa. Le era imposible posponer cualquier gasto, por innecesario que pudiera parecer, y cuando presentía que uno de sus negocios iba a producir grandes dividendos, malgastaba sus ganancias antes de haberlas recibido.

Lo cierto es que parecía como si el pobre Ezequiel se hubiese propuesto ser pobre toda su vida, ya que todo lo que hacía iba en detrimento de su propia prosperidad. Y lo peor de todo es que él no lograba explicarse su mala fortuna. Estaba ciego a sus propios malos hábitos, que eran evidentes para todos los que le rodeaban menos para él.

Hijo mío, la vida de este hombre, tristemente confirma lo que te he venido diciendo: es imposible triunfar si continuamente actuamos de manera inconsistente con los principios del éxito.

¿Sí ves? Ezequiel pretendía acumular una gran fortuna a pesar de violar constantemente las normas básicas del éxito financiero y ese fue su mayor error.

Este principio lo puedes aplicar a cualquier área de tu vida.

No podrás pretender disfrutar de una buena salud física si comes en exceso, bebes sin medida, no descansas lo suficiente y no cuidas de tu cuerpo.

No esperes obtener lo mejor de las demás personas a menos que estés dispuesto a dar lo mejor de ti.

No puedes esperar una gran cosecha a menos que hayas sembrado buena semilla, hayas regado la tierra y hayas cuidado tu siembra, asegurándote de remover cualquier maleza que pueda matar tu cultivo.

Siempre cosecharás aquello que hayas sembrado. Si siembras malos hábitos, cosecharás desgracia y frustración.

Pero esta ley del éxito no debe ser interpretada como una mala noticia, porque también nos dice que si desarrollamos hábitos y actitudes que estén en armonía con estas reglas del éxito no habrá límites para lo que podamos alcanzar.

Lo cierto es que la persona de éxito vive su vida en mayor armonía con las leyes universales del éxito que la persona promedio. Como resultado de ello consiguen más en unos cuantos años que lo que la persona promedio logra alcanzar durante toda una vida.

Ahora bien, es posible que Ezequiel no esté actuando, como lo hace a propósito, es posible que él simplemente desconozca los principios para alcanzar el éxito financiero. No obstante, la realidad es que la ignorancia no es excusa que justifique el fracaso. Estos principios se aplicarán a nuestra vida, ya sea que sepamos de ellos o no. Así que es tu responsabilidad el aprenderlos y ponerlos en práctica.

Grandes hombres de otras épocas se refirieron a ésta como a la ley de la causa y el efecto.

Toda causa produce un efecto correspondiente; todos nosotros producimos causas o acciones diariamente. La vida simplemente se encarga de devolvernos los efectos o resultados correspondientes. Así que cada uno de nosotros es el único responsable por los resultados que la vida nos devuelve ya que no ha sido más que el efecto correspondiente a la causa o acción que nosotros mismos hemos sembrado.

Nuevamente te repito, hijo mío, sólo cosecharás aquello que hayas sembrado. Si has sembrado buenas acciones, si has cultivado hábitos de triunfo, el único resultado posible es el éxito. De otro lado, si tus acciones y hábitos son inconsistentes con los principios del éxito, no puedes esperar triunfar, y el único resultado posible será el fracaso.

Cada uno de nosotros se encarga de moldear su vida y de ser el arquitecto de su propio destino. Cuando siembras una acción, cosechas un hábito; cuando siembras un hábito, cosechas un carácter, y cuando siembras un carácter cosechas un destino.

Todo aquello que sucede, sucede por una razón. No existen los accidentes, toda causa tiene su efecto correspondiente. En muchas ocasiones este efecto no es apreciable de manera inmediata, lo cual nos puede dar la falsa seguridad de que es posible violar estas leyes y aun así, evitar las consecuencias.

Esto fue lo que le sucedió al pobre Ezequiel. Él no vio la falla en sus acciones hasta que fue demasiado tarde. Cuando se dio cuenta de su error, su vida le había pasado de largo y ya era un hombre viejo y sin fuerzas, quien no había ahorrado para su vejez.

Recuerda que tarde o temprano las consecuencias de toda acción eventualmente salen a flote. La persona que derrocha su dinero y no ahorra ni planea su futuro, encontrará los resultados de esta decisión en las postrimerías de su vida.

Si hay un efecto que quieras materializar en tu vida, un resultado específico que desees obtener, ser feliz, gozar de buena salud, o alcanzar la libertad financiera, puedes lograrlo simplemente incorporando a tu diario vivir las causas que sabemos de antemano, generan dicho efecto.

De igual manera, si existe en tu vida una situación de la cual quieras deshacerte, como la mala salud, las deudas, la infelicidad, puedes determinar también cuáles son las causas que las están generando, y al removerlas de tu diario vivir removerás también el efecto correspondiente.

Hijo mío, una de tus tareas más importantes es identificar, temprano en tu vida, cuáles son las metas a las que deseas llegar durante tu existencia. Aprende a reconocer los hábitos de triunfo que separan a la persona de éxito de la persona promedio y asegúrate de cultivarlas.

Quiero terminar con una frase que dijera aquel extraño viajero de quien ya te hablara en otra carta. A manera de advertencia, él decía: "La mayor ironía en el juego de la vida es que la mayoría de los hombres emplean la primera parte de su vida en hacer miserable el resto de ella". Hijo mío, no permitas que esto te suceda a ti. No olvides que es imposible triunfar si continuamente actúas de una manera que sea inconsistente con los principios del éxito.

CAPÍTULO 9

$\mathcal{L}$os días pasaban y entre sus labores acostumbradas y el proceso de demolición de la vieja casona, Mateo parecía buscar cada segundo libre para sumergirse de nuevo en aquellos maravillosos mensajes.

El siguiente pergamino que Mateo abrió llevaba el título:

Que tus metas y propósitos guíen siempre tu andar

Querido hijo:

Me embarga una emoción especial al escribirte esta carta, ya que las historias que aquí te relato me recuerdan la manera como solía hablarme mi padre en ocasiones.

Hay una historia acerca de un viajero que andaba por la vieja Grecia en busca del monte Olimpo. Temiendo estar perdido, se acercó a un hombre que se encontraba a la vera del camino y le preguntó: ¿Cómo hago para llegar al monte Olimpo? El hombre, quien resultó ser Sócrates, le respondió: muy fácil, simplemente asegúrate que todo paso que des vaya en esa dirección.

Qué gran enseñanza nos deja esta historia. Asegúrate que los pasos que das en la vida te están llevando al sitio donde deseas llegar, y te estén conduciendo en la dirección correcta.

Te puedo decir con total certeza que todos nosotros triunfamos o fracasamos a propósito. Tanto el éxito como el fracaso son el resultado de dar los pasos certeros que nos acercan o nos alejan de nuestras metas, que nos hacen más fuertes o nos debilitan, que nos permiten experimentar felicidad en nuestra vida o nos producen tristezas y frustraciones.

No hay nada más triste que ver a alguien que desea triunfar, pero que por falta de dirección o por no poseer una idea clara de aquello que desea alcanzar, malgasta su vida persiguiendo metas borrosas y sueños escurridizos.

Ten cuidado de no estar haciendo lo mismo, hijo mío; cuídate de no convertirte en el tipo de persona que trabaja en diez cosas a la vez, y se encuentra persiguiendo mil proyectos pero que, en realidad, no se está acercando a ninguno de ellos.

Debes desarrollar singularidad de propósito, de tal suerte que puedas así canalizar todas tus energías en el logro de la meta que te has propuesto.

Para que entiendas a qué me refiero, quiero contarte acerca de dos tipos de insectos que son muy comunes en estas tierras, particularmente durante los días de verano. Su manera de actuar me hace pensar qué tan distintos son los resultados que solemos obtener cuando desarrollamos esa singularidad de propósito; cuando nos dejamos guiar por una meta clara y adquirimos una actitud de disciplina y compromiso hacia ella hasta alcanzarla.

Curiosamente, estos dos insectos tienen nombres similares, las hormigas procesionarias y las orugas procesionarias. Obviamente, en ambos casos su nombre se deriva de la manera como comúnmente caminan una tras otra a manera de procesión. Pero hasta ahí llega su similitud.

Las hormigas procesionarias son pequeños insectos que me han enseñado el poder que existe en la singularidad de propósito.

En los caminos y sendas de esta región es fácil reconocerlas por las interminables filas que forman a la vera del camino, cargando hojas y semillas a sus hormigueros, preparándose para los meses de invierno.

La tenacidad y persistencia de estas hormigas no tiene igual en el reino de los insectos. Cuando una hormiga se encuentra con una roca en su camino, su primer instinto es continuar la marcha caminado alrededor de la roca. No obstante, si por alguna razón no puede pasar de esta manera, trata de pasar por encima de ella.

Si esto tampoco le es posible, la testaruda hormiga trata de pasar a través de la roca, o trata de cargarla y moverla de aquel lugar, buscando para ello la ayuda de otras hormigas. Cuando esto falla, intenta cavar un túnel debajo de la roca. ¿Ves hijo? Ella busca cualquier opción, pero nunca deja de intentarlo ni desiste de su objetivo ante aquel obstáculo.

Ella tiene una meta específica que es conseguir alimento y llevarlo hasta su hormiguero, ya que sólo así podrá garantizar su supervivencia durante los meses de invierno. Este es su propósito y ella no permite que nada la distraiga de su objetivo. Algunas hormigas son capaces de echarse a cuestas cargas de hasta diez veces su propio peso, algo que ningún otro animal puede hacer. Esa persistencia y esa tenacidad son necesarias para triunfar en la vida.

Ahora bien, por estos mismos caminos, muy temprano en la mañana, es posible observar también a las orugas procesionarias formar sus filas tratando de resguardarse de los potentes rayos del sol.

Cuando era apenas un niño, recuerdo que mi padre me llamó un día al patio de la casa para mostrarme algo. Mi padre era una persona que adquiría mucha sabiduría observando la naturaleza. Aquel día había amanecido un grupo de unas veinte orugas en la mitad del patio. Seguramente, los pobres insectos habían extraviado su rumbo durante la noche y habían terminado en el patio de nuestra casa. Mi padre logró hacerlos formar un círculo sin fin, de manera que la primera oruga seguía a la última.

Me causó mucha curiosidad ver cómo las orugas continuaron marchando en este círculo sin fin, a pesar de que esto no tenía ningún propósito aparente. Después de unas horas mi padre colocó en la mitad del círculo unas hojas de pino, que es la comida que más apetece a este tipo de gusanos. Sin embargo, las orugas continuaron su marcha sin sentido, sin parar a descansar o a comer. Después de un rato partimos cada uno de nosotros a hacer nuestros quehaceres del día y regresamos ya entrada la tarde, sólo para encontrar que las orugas aún se encontraban marchando en su círculo sin fin, sin haber tocado la comida.

En eso se convierte la vida cuando olvidas tu propósito y haces las cosas rutinariamente, sin cuestionarte si lo que estás haciendo tiene sentido o no, dijo mi padre, mirando con tristeza a aquel grupo de desdichados insectos.

Al día siguiente cuando desperté, rápidamente fui al patio para observar si las orugas aún continuaban marchando, pero encontré que todas habían muerto en algún momento durante la noche.

Los pobres insectos habían muerto de hambre y cansancio a pesar de tener la comida a menos de una pulgada de distancia.

Entendí la sabiduría del mensaje que mi padre quería compartir conmigo, aunque repudié la crueldad a la cual habíamos sometido a aquellos gusanos. Así que cuando le vi, le reclamé por haber hecho eso con aquellos insectos.

— Te equivocas Farid, respondió mi padre. Esos insectos no murieron de cansancio o de hambre; ellos murieron cuando comenzaron a creer que al estar ocupados estaban siendo productivos. Ellos confundieron actividad con resultados.

Al contrario de lo que hacen las hormigas, las orugas olvidaron su razón de ser. Ellas estaban en total libertad de hacer lo que quisieran. No había muros que les impidiera cambiar su rumbo; no había ningún obstáculo que las detuviera para comer las hojas que pusimos en la mitad del círculo. Ellas simplemente decidieron continuar caminando, sin pararse por un momento a cuestionar si lo que estaban haciendo tenía sentido o no, o si su marcha sin fin las estaba conduciendo a alguna parte o no.

Muchas personas viven su vida de la misma manera. Trabajan de sol a sol y hacen lo mismo día tras día. Muchas de ellas cometen los mismos errores una y otra vez, todo como resultado de no cuestionar las razones de sus acciones. No tienen objetivos claros que alcanzar, así que cualquier actividad es igual para ellas ya que no tienen un rumbo o una meta fija, como esas desdichadas orugas.

No permitas que esto te suceda hijo mío. Pregúntate siempre si lo que estás haciendo está produciendo resultados o no. Si no lo haces, ya has visto cuáles son las consecuencias.

Querido hijo, debo confesarte que nunca olvidé aquella enseñanza de mi padre. Y a pesar de la tristeza que me causó el haber visto aquello, más tristeza me produce ver cómo muchas personas actúan de la misma manera, a pesar de las advertencias que he tenido a bien hacerles.

Quiero repetirte las mismas palabras que me dijera mi padre en aquella ocasión: "No caigas en la trampa de creer que estar ocupado es ser productivo".

Si no tienes metas claras y precisas, si careces de un plan detallado para su logro, estarás viviendo la vida de la misma manera que estas orugas: ocupado constantemente, pero al final del día no te habrás acercado hacia el logro de tus metas.

No hagas hoy lo mismo que hiciste ayer sin cuestionar si estás avanzando o retrocediendo en tu camino. Examina con frecuencia si lo que estás haciendo o estás a punto de realizar va de acuerdo con tus planes o no. Muchas veces escalamos apresuradamente los peldaños de una escalera que creemos que nos conducirá a la cumbre del éxito, sólo para descubrir más tarde que ésta nos conduce al lugar equivocado.

Asegúrate que tienes claridad acerca de lo que deseas alcanzar y sobre cuál es tu propósito en la vida, de manera que no corras la misma suerte de las orugas. También recuerda que una vez tengas claridad en lo que deseas alcanzar, debes trabajar incansablemente hasta lograrlo y no permitir que nada ni nadie te desvíe de ello, tal como lo hacen las hormigas procesionarias.

Capítulo 10

*D*espués de haber desarrollado los planos iniciales de la casa, de acuerdo con las indicaciones de Farid, Serafín se dio a la tarea de buscar proveedores. El malhumorado capataz no se encontraba muy a gusto con el trabajo que su amo le había encomendado por considerarlo fuera de sus responsabilidades, y aún mucho después de haberse hecho a la idea y de haber comenzado su trabajo, continuaba quejándose constantemente por ello.

Los días eran largos y el trabajo arduo y penoso, debido a las inclemencias del calor implacable que por aquella época azotaba toda la zona de la antigua Mesopotamia. Una y otra vez Serafín pensó en lo mucho que detestaba el haber sido encomendado con la construcción de esta casa. Había resuelto que lo menos que podía hacer era buscar la manera de encontrar algún beneficio económico personal, a tan tediosa tarea, para de alguna manera justificar el tiempo que iba a invertir en ella.

Y la oportunidad no podía ser mejor, pensaba él, puesto que a su modo de ver, resultaba inclusive absurdo trabajar tan duramente y poner tanto esfuerzo en el trabajo, cuando su amo no estaba presente para supervisarle. Después de todo, solía decir él: "una vez levantada la pared es imposible juzgar la calidad de los cimientos".

Esta manera de pensar no era nada nuevo en su modo de actuar. Hacía muchos años que él había sucumbido ante esta filosofía de mediocridad, permitiendo que ella gobernara su vida, sus acciones y su visión del mundo. Si había oportunidad de sacar provecho de algo con el menor esfuerzo posible, era para él, sin importar que su actitud desentendida y egoísta pudiera perjudicar a otros. Esta rudeza y falta de carácter le habían ganado muchos enemigos, pero esto parecía no molestarle.

Y aunque Farid detestaba esta actitud y hablaba con Serafín al respecto, cada vez que podía, entendía que, a la larga, él mismo sería el mayor perjudicado.

En cierta ocasión Farid le había llamado la atención con gran severidad debido a su falta de interés en ciertos aspectos de la administración de la hacienda.

— Lo curioso acerca de este gran viaje que es la vida, es, si decides ir tras lo mejor de lo mejor, usualmente lo logras conseguir, le dijo el anciano. Sin embargo, no olvides que lo contrario también es cierto: las personas que deciden contentarse con segundos lugares, aquellos que aceptan la mediocridad como una opción, generalmente terminan viviendo una vida de acuerdo con dichas expectativas.

Tristemente las sabias palabras de Farid caían en tierra estéril, puesto que Serafín parecía haber escogido su destino.

Para el desdeñoso capataz la elección era muy sencilla, aquel que hace más de lo que de él se espera, está haciendo más de la cuenta. Esta era su filosofía, y ciertamente la inmensa mayoría de sus acciones evidenciaban que la perfección o, simplemente, el orgullo de haber realizado un trabajo a cabalidad, estaban lejos de ser aspectos que le preocuparan o le quitaran el sueño.

Es curioso ver que si le damos entrada en nuestra vida a la mediocridad, poco a poco ésta se convierte en un modo de vida, y termina por controlar todas nuestras acciones.

Así que, sin muchos remordimientos ni dudas, Serafín comenzó a mirar cómo culminar aquella labor lo más rápidamente posible. Y si a lo largo del camino podía sacar algún provecho económico para él, mejor aún. Esto último no iba a resultar muy difícil, pues en los depósitos del poblado siempre era posible encontrar a alguien que estuviese dispuesto a cobrar por piedra y mármol de alta calidad y enviar material de menor clase, y repartir la diferencia con los capataces encargados de la construcción.

Así, tras encontrar un cómplice para su plan, Serafín comenzó a comprar materiales de menor calidad, a adquirir productos más baratos, y a malgastar el dinero que ahorraba de esa manera.

Serafín solía justificar su comportamiento arguyendo que la miseria de los pobres era obra de aquellos que poseían gran fortuna, y encontraba consuelo al saber que seguramente su anciano patrón nunca notaría la diferencia.

Él ignoraba que Farid no sólo sabía de cada una de sus fechorías, sino que muchas de las historias que el anciano solía compartir con él, eran mensajes enviados con la esperanza de efectuar un cambio positivo en su vida y hacerle ver el error de sus acciones.

No obstante, hacía varios meses que Farid había optado por no hacer más comentarios de ninguna clase a Serafín. Cada cual labra su camino, había pensado en alguna ocasión, con una mezcla de resignación y repudio. Resignación al no haber podido lograr influir positivamente en la vida del testarudo capataz, y repudio, ante la clara actitud displicente que éste demostraba en cada una de sus acciones.

En alguna ocasión Mateo le preguntó por qué hacía tanto esfuerzo en ayudar, incluso a quienes evidentemente no querían dejarse ayudar, Farid, respondió: es cierto que no puedes hacer que un caballo beba agua, inclusive llevándolo frente al abrevadero, pero puedes ponerle sal en su comida, con el ánimo de que se despierte en él los deseos de beber.

Eso era lo que Farid había intentado hacer con Serafín. Hubiese sido muy fácil para él simplemente despedir a su capataz, pero esto no hubiese dejado ninguna enseñanza a ninguno de los dos. No obstante, Farid había llegado a la conclusión que demasiada sal podía estropear al caballo. Lo cierto es que una vez el caballo ha resuelto que no desea beber agua, no hay nada que hacer para lograr que cambie de parecer.

De igual manera, si Serafín había decidido que esa era la clase de vida que deseaba vivir, no había nada que él pudiese hacer para que cambiara de opinión.

Ya muchas veces había intentado darle buenos consejos, pero éstos parecían siempre encontrar oídos sordos. Alguna vez, después de una de las mejores cosechas algodoneras en muchos años, Farid, a quien la experiencia le había dado la habilidad de poder calcular con asombrosa precisión la producción de una cosecha, había encontrado diferencias grandes entre sus cálculos y los informes de su capataz; razón por la cual había decidido ir personalmente a inspeccionar el terreno cosechado.

Después de ver la gran cantidad de algodón desperdiciado en el suelo o sin recoger, le llamó la atención diciéndole: "Tú eres el encargado de asegurarte que los trabajadores hagan bien su labor Serafín. Toma la misma cantidad de tiempo y requiere casi el mismo esfuerzo hacer algo bien que hacerlo mal. Una buena cosecha toma tres días; es lo mismo que tú has tomado. La única diferencia es que tú has desperdiciado un diez por ciento de la cosecha".

No obstante, pese a los esfuerzos de Farid por inculcar hábitos de triunfo en su capataz, todo lo que éste había aprendido de aquel episodio era que lo malo no es necesariamente hacer un trabajo pobre, lo malo es ser descubierto. Desde aquel día Serafín se había convertido en un experto en encubrir mejor todas sus patrañas. Ese era Serafín y parecía no haber poder sobre la tierra que le pudiese hacer cambiar su manera de pensar.

Los días fueron pasando y pese a la baja calidad de los materiales y productos utilizados, y al pobre empeño que Serafín ponía en sus labores, poco a poco la casa adquiría forma.

Para cualquier persona ajena al proyecto, resultaba imposible entrever la verdad acerca de la calidad del trabajo, y esto era algo de lo cual Serafín se jactaba, ya que para él, saber encubrir la mediocridad era un arte digno de apreciar.

Capítulo 11

$\mathcal{L}$os dos pergaminos siguientes que Mateo encontró venían atados juntos. En el primero de ellos Farid tuvo la gran precaución de resaltar la idea principal de esta carta con un gran título en tinta roja que decía:

Tus sueños deben convertirse en deseos ardientes

En él, Farid relataba lo que en sus propias palabras llamaba el primer paso para alcanzar un sueño, la necesidad de transformar ese sueño en un deseo ardiente.

Querido hijo:

No es suficiente saber cuáles son tus sueños o tener metas suficientemente claras.

No basta con decir: "Quiero triunfar". La única manera en que tus sueños pueden convertirse en realidad es si llegan a ser un deseo ardiente, algo que debe ocurrir en tu vida.

La posibilidad de ver tus sueños convertidos en realidad debe apasionarte, debe inundar cada parte de tu cuerpo. Sólo cuando desarrolles este tipo de pasión y entrega por un sueño, comenzarás a descubrir a ese gigante interior del cual te hablé en otra carta.

Muchas personas desean alcanzar sus metas. Algunos aseguran estar dispuestos a hacer cualquier cosa para lograrlas. No obstante, sólo unos pocos dan el primer paso. Y de éstos, la gran mayoría olvida su compromiso al poco tiempo, o sucumben ante el primer obstáculo que encuentran.

De todas aquellas personas que comienzan su camino hacia la realización de sus sueños, las pocas que eventualmente logran materializarlos tienen algo en común. Para ellos el logro de sus metas era su única alternativa, su meta tenía que ser realidad, era algo que tenía que ocurrir. Y esta seguridad fue alimentada por la enorme pasión que sentían por ellas.

Habían dejado de ser metas y se habían convertido en deseos ardientes, hasta obsesionarnos. Y, tan extraño como esto pueda parecerte, es lo que debe ocurrir con tus sueños y tus metas, si de verdad deseas que ellos se conviertan en realidad.

En cierta ocasión escuché la leyenda de un viejo pescador que después de haber logrado grandes éxitos y haber amasado una enorme fortuna tuvo la oportunidad de enseñarle a cierto joven, de una manera un tanto curiosa, uno de los más importantes secretos del éxito: antes que un sueño pueda convertirse en realidad debe convertirse en un deseo ardiente.

La historia cuenta que en una pequeña población vivía, junto con su anciano padre, un joven con un profundo deseo de triunfar. Él había decidido no quedarse estancado en un trabajo mediocre como tantos de sus amigos, y aunque sus logros personales aún no daban fe de ello, muy dentro de sí sabía que sus deseos eran sinceros y que si aún no había logrado hacer realidad ninguno de sus sueños, no era por falta de deseo sino por falta de oportunidades.

Un día el joven fue a donde su padre, un humilde mercader que había pasado la mayor parte de su vida comercializando granos y cereales en una de las haciendas más grandes de la zona, y tras expresarle ese deseo ardiente de triunfar que llevaba dentro de sí, le preguntó: ¿Padre mío, sabes tú cuál es el secreto del éxito?

El padre, quien era una persona honesta y sincera le respondió: "Hijo, mucho me temo que no sé cuál es el secreto del éxito; sin embargo, sé de un hombre que en sus días se le llegó a conocer como el vendedor más grande del mundo. Es un hombre de edad ya avanzada, quien ahora vive en las afueras del pueblo junto al lago. El mejor consejo que te puedo dar es que vayas y hables con él".

Muy entusiasmado, el joven partió en búsqueda de aquel hombre, decidido a encontrar las respuestas a sus inquietudes. Cuando llegó a la casa, un hombre de cara amable y parsimoniosa, vestido con atuendo de pescador salió a su encuentro.

— Hacía mucho tiempo que ningún extraño venía por estos lados ¿Qué te trae por estos solitarios parajes?

— Buenas tardes buen hombre. Mi nombre es Josué, y mi padre me ha hablado mucho de usted y de los grandes éxitos que cosechó en otras épocas. Me he atrevido a venir hasta aquí, porque yo, al igual que usted, también tengo un gran deseo de triunfar. Verá usted, mi padre es un mercader y su padre y el padre de su padre también lo fueron, nunca con mucha suerte, pero siempre proveyendo lo suficiente para sobrevivir.

— Puedo percibir en tus palabras que tú no deseas continuar con la tradición de tu padre y tus abuelos, repuso el anciano. El mundo tiene mucho que ofrecer a un joven con el deseo que tú expresas poseer.

— Así es; mi deseo de triunfar es profundo y sincero, buen señor. Algo dentro de mí me dice que mi destino es otro y ese sentimiento es lo que hoy me ha traído hasta su puerta en busca de sus sabios consejos ¿Puede usted decirme cuál fue el secreto de su éxito? ¿Qué necesita una persona para triunfar?¿Cómo puedo alcanzar mis sueños?¿Qué es....?

— Espera un momento Josué, ten paciencia, son demasiadas preguntas a la vez. Además, como verás ya tenía otros planes para esta radiante mañana. Quizás quieras acompañarme ¿te gusta pescar?

El joven, sabiendo que no podía dejar pasar de largo esta oportunidad respondió con un gesto afirmativo, y los dos hombres salieron camino al lago. A lo largo del trayecto Josué continuó insistiendo y haciendo preguntas, a lo cual el viejo respondía con una leve sonrisa y un "espera hijo, ten paciencia que el día es largo y merece ser apreciado".

Una vez en el lago el hombre preguntó al joven Josué:

— ¿Qué estarías dispuesto a hacer para realizar tus sueños y alcanzar tu éxito?

Josué miró al viejo sin saber qué responder. No quería decir algo inapropiado y prefirió simplemente hacer un gesto que, confiaba, expresara que estaba dispuesto a hacer cualquier cosa. A pesar de decir que quería triunfar, poca evidencia había en su pasado que diera prueba del profundo deseo por triunfar que él decía sentir. ¿Inconformidad? Si, pero no pasión y entrega por un ideal.

— Quieres saber cuál es el secreto para alcanzar el éxito, ¿no es cierto? Pues bien, te mostraré cuál es.

El anciano le pidió a Josué que saltara al agua, se sumergiera y se quedara bajo el agua tanto como sus pulmones se lo permitieran.

Un tanto vacilante, el joven así lo hizo, sin atreverse a cuestionar aquella extraña orden.

Después de un momento, el joven comenzó à salir de nuevo a la superficie, pero antes que pudiera sacar la cabeza del agua, el anciano puso su mano en ella para evitar que pudiera salir. De manera inmediata, el joven comenzó a luchar , y sólo en cuestión de segundos la falta de aire se hizo insoportable y la lucha parecía ahora ser de vida o muerte.

Después de unos segundos, que al joven debieron parecerle una eternidad, su espíritu de lucha comenzó a decaer y la falta de aire se hizo insoportable, el hombre finalmente le permitió salir y le ayudó a subir a la pequeña embarcación.

— Déjame preguntarte Josué, dijo rápidamente el anciano sin darle demasiado tiempo a reaccionar; cuando estaba yo evitando que salieras del agua y tú comenzaste a luchar por salir ¿cuál era tu mayor preocupación?

— No entiendo que quieres decir, respondió Josué, confundido y amedrentado aún por lo que acababa de ocurrir.

— ¿En esos momentos qué deseabas tener más que ninguna otra cosa en el mundo? ¿Qué te pedía tu organismo? ¿Qué era aquello que toda fibra de tu cuerpo deseaba tener, y por lo que hubieses dado cualquier cosa? ¿Qué pedía tu ser con tal intensidad que su sola ausencia te causaba dolor?

Todavía agitado, Josué contestó:

— ¡Aire! ¡Aire! ¡Aire! Eso era todo en lo que podía pensar: aire. No había nada más en el mundo que deseara tener en aquel momento tanto como un poco de aire, por ello hubiese dado cualquier cosa.

El hombre respondió:

— He ahí la respuesta a tu pregunta; he ahí el secreto del éxito. Lo que tú desees con esa misma intensidad, sólo entonces lo hallarás. Cuando desees tus sueños más que ninguna otra cosa en el mundo; cuando te cause dolor el aún no haber logrado tus metas y tu éxito se convierta en algo que cada fibra de tu cuerpo reclama a gritos, sólo entonces lo alcanzarás. No antes.

¡Qué lección hijo mío! Recuerda, la pasión por tus sueños es lo que te proveerá con la fuerza y con la claridad para alcanzarlos. En más de una ocasión la vida me ha mostrado que el éxito no es necesariamente lógico, ni es el resultado de seguir un patrón o fórmula única.

Muchas personas buscan alcanzar algo, fracasan en su intento y pronto se dan por vencidos, mientras que otras tratan de hacer algo similar, caen también, pero vuelven a intentarlo una vez más. Desarrollan una actitud de compromiso y entrega total con su objetivo y finalmente logran su cometido.

Y la única diferencia entre estas dos clases de personas es la pasión que sienten por el logro de dicha meta.

Para una de ellas el logro de esta meta, obviamente, no es demasiado importante como para intentarlo dos veces. Para la otra, su logro es tan importante que intentará una y otra vez hasta alcanzarla. Esa perseverancia es el resultado de la pasión.

* * *

Mateo recordó las numerosas ocasiones en que Farid le dijera cómo una de las cosas más tristes de observar era una persona desmotivada, sin pasión y sin entrega. Ahora sabía exactamente a qué se refería su amigo.

La noche le había sorprendido nuevamente sumergido en su habitual lectura. No obstante, antes de retirarse a su habitación, decidió leer el pergamino que Farid había puesto junto con el anterior, con el obvio propósito de que fuesen leídos y estudiados conjuntamente.

Este segundo pergamino llevaba por título:

Asegúrate siempre de soñar en grande

En esta carta Farid le pedía a su hijo no conformarse con metas y sueños pequeños. Así escribía:

Querido hijo:

Como estamos hablando de los sueños, quería contarte algo que me ocurrió hace algún tiempo cuando me dirigía a casa de mi hermano. Después de una larga travesía, paré a descansar junto a un puente que cruzaba el río Aramise en su parte más tranquila. En la ribera del río, a una corta distancia, se encontraba un hombre con un rudimentario anzuelo tratando de pescar lo suficiente para comer.

Por su apariencia, pude adivinar que aquella orilla no sólo era su lugar de pesca sino su morada. Un fogón improvisado con tres rocas sacadas del río eran su cocina, mientras que algunas hojas de palma recostadas sobre dos maderos cruzados le resguardaban del sol y la lluvia. Su indumentaria era pobre, y fuera de su anzuelo y un pequeño recipiente para cocinar, sus pertenencias parecían limitarse a lo que llevaba puesto.

Le observé por algún tiempo, mientras descansaba después de varias horas de camino. Me causó curiosidad ver cómo una y otra vez, tras sacar un pez, el hombre tiraba al río los peces grandes y guardaba los pequeños.

Que curioso, pensé, este hombre tiene su fogón listo para cocinar, su semblante claramente indica que no ha comido en varios días y es obvio que pesca ávidamente para saciar su hambre. Entonces, ¿cómo explicarse que tire los peces grandes y carnosos y conserve los pequeños?

Después de unos minutos me acerqué y, buscando no ofenderlo, le pregunté acerca de este inexplicable ritual.

Comprendo su confusión, me respondió el hombre, sin embargo, la razón es fácil de entender. Verá usted, yo quisiera conservar los grandes para cocinarlos y saciar así mi hambre, el problema es que todo lo que tengo para freír los peces es este pequeño recipiente, e infortunadamente sólo caben en él los pequeños.

Cuántas personas, pensé yo, viven sus vidas de la misma manera, pidiendo peces pequeños, por temor a no saber cómo aprovechar los grandes, y quejándose constantemente del pequeño recipiente que les tocó por destino. Cuántas personas buscan sólo cosas pequeñas, por no creer contar con los medios o las aptitudes para aprovechar las cosas grandes que la vida ofrece.

Muchas son las personas, hijo mío, que evitan las grandes metas por temor a las nuevas responsabilidades que el alcanzar dichas metas pueden traer consigo. Porque lo cierto es que el éxito trae consigo nuevas responsabilidades y nuevos retos. Nunca temas los grandes desafíos ni elijas los sueños pequeños por la facilidad que éstos puedan ofrecer. Muchas personas temen que el éxito les lleve a lugares desconocidos y por esta razón prefieren la comodidad de los sueños pequeños. Pero no hay gloria en los sueños pequeños, especialmente, cuando sabes que pudiste haber ido tras los grandes.

Piensa en grande. No permitas que tus temores limiten tus aspiraciones. Ve tras los grandes sueños y en el camino aprende lo que necesites para lograrlos, porque las personas que van por la vida buscando los peces pequeños, en lugar de buscar un recipiente más grande, nunca sabrán lo que se siente pescar un gran pez.   •

Piensa en la enseñanza de esta historia. Los peces son tus sueños; son las oportunidades que el destino pone frente a todos por igual. El recipiente es tu potencial, son tus aptitudes y habilidades. Si tú crees que éstas son limitadas, seguramente saldrás sólo tras los peces pequeños. Sin embargo, si aceptas que dentro de ti yace un gigante capaz de lograr cualquier meta que te propongas, la fe en tus verdaderas habilidades crecerá y con seguridad saldrás tras peces más grandes.

Los sueños pequeños limitan tus aptitudes, mientras los sueños grandes te exigen y sacan a relucir tu verdadero potencial.

No olvides que tanto la persona que cree contar con un enorme potencial como aquélla que cree no contar con nada, están en lo cierto.

Cree en ti y tus aptitudes crecerán, persigue grandes ideales y tu potencial se desarrollará inmensamente. Duda de tu potencial y éste desaparecerá. Persigue metas pequeñas y con seguridad eso será todo lo que alcanzarás.

Mateo continuaba maravillado ante las grandes enseñanzas de tan sencillas historias. Y esta última historia le había hecho tomar la decisión de no ser una de esas personas que bota los peces grandes y conserva los pequeños.

De ese día en adelante se aseguraría sólo de pensar en grandes cosas. Esa era, sin lugar a dudas, la única manera de lograr una vida de abundancia y satisfacción.

Capítulo **12**

· · · · · · · · · · · · · · ·

$\mathcal{L}$as actividades de la hacienda transcurrían normalmente y poco a poco la vieja casona iba desapareciendo. Mateo continuó realizando su labor con gran cuidado, como muestra del aprecio que sentía por su amo, por lo que había compartido con él durante toda su vida y lo que ahora aprendía de él a través de los pergaminos.

La siguiente carta llevaba el título:

A nada debes temerle como al miedo mismo

Querido hijo:

El temor es una de las razones más comunes por la cual fracasan las personas.

A través de mis años de vida he visto más sueños sucumbir ante esta emoción que ante cualquier otra.

Los seres humanos le temen a lo desconocido, al posible rechazo por parte de los demás, o a la posibilidad de fracasar. Y aunque algunos de estos temores pueden tener bases reales, lo cierto es que la gran mayoría de ellos son el resultado de falsas creencias que aparentan ser reales, que les paralizan y no les permiten actuar.

Las preocupaciones, los temores y las dudas son todas emociones negativas que terminan por paralizarnos si no las controlamos. Yo concibo los temores y las preocupaciones como los intereses que pagamos ahora por problemas que todavía no hemos experimentado.

Seguramente, muy temprano en tu vida descubrirás en carne propia lo que es sentir temor, sentir miedo de algo o de alguien. Es inevitable que así sea, ya que en nuestra niñez solemos ser presas fáciles de las expectativas negativas de otras personas. Sin embargo, no permitas que el temor te paralice. Recuerda que siempre que te detengas y enfrentes esos temores cara a cara, ganarás fuerza, coraje y confianza en tus propias habilidades.

Es triste, pero el solo pensar que pueden sufrir una caída es suficiente para hacer desistir a la gran mayoría de las personas de intentar siquiera aquello que saben que puede conducirles al éxito. No obstante, el riesgo es parte de toda aventura: toda meta que verdaderamente valga la pena conlleva algún riesgo.

En ocasiones debemos inclusive arriesgar perderlo todo si de verdad queremos triunfar. Cuando tienes en tu mano una mazorca tierna, hay dos opciones: o la guardas para alimentarte con ella, con lo cual solucionarás tus problemas más inmediatos, o la siembras, con la esperanza que ella produzca para ti una cosecha que no sólo te alimente, sino quizás puedas mercadear y logres crear ingresos para ti, al tiempo que alimenta a otras personas.

¿Ves hijo? Esta segunda meta es mucho más loable, pero conlleva un riesgo mayor. Debes tomar el grano, sembrarlo y esperar que éste muera antes de dar vida a otra planta, y aún así deberás esperar que ésta crezca, y que el clima sea propicio para su desarrollo antes que la nueva planta dé el fruto que tanto anhelas. En esencia, debes arriesgarte a perder todo el grano para poder disfrutar de una nueva cosecha.

Muchas personas prefieren la seguridad de comer el grano que ya tienen en la mano y no arriesgarse a perderlo, pero en virtud de dicha decisión ellas habrán optado por no gozar del fruto de una nueva cosecha.

De la misma manera, quienes no poseen metas y objetivos específicos en su vida, saben que el solo hecho de fijarse metas los expone al peligro de, quizás, no alcanzarlas y que los demás los vean como fracasados. La realidad es que, indudablemente, hay cierto peligro asociado al decir: "Yo haré esto" o "Yo alcanzaré aquello".

La naturaleza de este peligro es la misma que experimenta un navío que abandona la seguridad del puerto y se aventura a navegar en los mares profundos. Hay cierto peligro asociado con ese evento; es indudable que esta nave estaría mucho más segura si se quedase en tierra firme, disfrutando de la seguridad que ofrece el muelle. Sin embargo, ella no fue construida con el único propósito de permanecer en el muelle, fue construida para navegar por los mares.

De esa misma manera, nosotros no hemos sido creados con el único propósito de permanecer en terreno firme. La semilla del triunfo ha sido plantada en nuestros corazones; hemos sido creados para luchar por nuestros sueños, y es eso lo que debemos hacer sin importar los riesgos que conlleve.

Te aseguro, si aquel navío permaneciera por siempre en el muelle, poco a poco la inactividad y el tiempo se encargarían de podrir la madera y dejarlo inservible.

Lo mismo sucede con las personas que rehúsan enfrentar los riesgos que vienen con las grandes metas. Con el paso del tiempo su carácter se debilita, su espíritu se acobarda y terminan por aceptar su incapacidad para enfrentar cualquier aventura que pueda ofrecer el mínimo riesgo.

Olvidan que los grandes logros en ocasiones exigen riesgos enormes, y quienes así lo entienden tienen la opción de cosechar grandiosas victorias o sufrir grandes caídas, pero si caen por lo menos lo hicieron intentando alcanzar nobles ideales. Ten la plena seguridad que de ser así, tu lugar no estará junto a aquellos que debido a sus temores e indecisiones nunca conocieron victoria o derrota alguna.

Sé valiente hijo mío y sal tras tus sueños entendiendo que, de la misma manera, el peligro es infinitamente mayor al no tener metas claras y al no arriesgarnos a salir tras ellas.

Recuerda: si de verdad deseas triunfar, tarde o temprano tendrás que renunciar a las falsas garantías que suele ofrecer la mediocridad, y salir en pos de tus sueños aceptando los riesgos que demanda lo grandioso.

Capítulo 13

Con cada nuevo pergamino, Mateo ganaba una mayor claridad y un mejor entendimiento acerca de la más importante de todas las lecciones aprendidas. Una y otra vez la veía reflejada en cada escrito, en cada historia y en cada carta, quizás expresada de diferente manera, pero era la misma lección, era la misma enseñanza.

Y ahora, sentado ahí, en medio de aquel cuarto que muy pronto no sería más que un montón de escombros, Mateo recordó que éste había sido también el tema de conversación de la primera de tantas caminatas que realizara en compañía de Farid.

— Cada uno de nosotros es lo que cree ser, había dicho Farid aquella tarde. Nuestras acciones, nuestra manera de trabajar y el tamaño de nuestros sueños, están todos influenciados por nuestra percepción de quienes somos.

Si creemos que vamos a triunfar, triunfaremos, pero si creemos que fracasaremos, pues ya hemos fracasado.

Todos terminamos siendo el resultado de lo que esperábamos ser. Ésta puede ser la más grande de nuestras bendiciones o la peor de nuestras tragedias. La persona de éxito se ve a sí misma como una persona de éxito. Ella triunfa porque esperaba triunfar.

— ¿Quieres decir que el sólo hecho de esperar triunfar es suficiente para alcanzar el éxito? Preguntó Mateo.

— Por supuesto que no, muchacho, si fuese así de simple, Cabul seguramente contaría con mucha más fortuna de la que ahora tiene. Para lograr el éxito no es suficiente esperar triunfar. La persona de éxito sabe esto, por eso ella también está dispuesta a prepararse y a hacer cuanto sea necesario para triunfar. Ella sabe que el éxito tiene un precio y está dispuesta a pagarlo sin cuestionamiento.

— ¿Qué sucede con la persona que no logra triunfar? ¿Quieres decir que ella esperaba fracasar? Me resulta difícil pensar que una persona crea que va a ser un fracasado.

— Sé que es difícil de creer, pero tristemente debo decirte que es así. Aunque, en principio, esta persona no se ha propuesto fracasar, ella comienza a labrar su propio fracaso cuando comienza a cuestionar o a negociar el precio a pagar por lograr su éxito. Ella simplemente opta por concentrarse más en sus debilidades que en sus fortalezas, toma la decisión de ver los obstáculos e ignorar las oportunidades:

poco a poco, hace de esto su realidad y termina por aceptarse a sí misma como una persona inferior.

Éste, Mateo, es el peor de los círculos autodestructivos que existen, porque entre más incapaz te veas a ti mismo, más incapaz te verán los demás y así te tratarán, lo cual sólo confirma lo que ya sabías acerca de ti mismo, que eras un incapaz. ¿Ves lo terrible que es este círculo vicioso?

— ¿Cómo podemos romper este ciclo de autodestrucción mi señor?

— Debes cambiar la imagen que tienes de ti mismo. Y eso significa encontrar en tu interior tus verdaderos dones y aptitudes, y evitar las personas que te hacen sentir inferior, sin permitir que sus críticas influyan en ti.

— ¿Siempre es posible hacer esto, o hay personas para quienes no hay salvación?

— Siempre hay remedio para todo mal, Mateo, aunque infortunadamente no todos optan por cambiar su destino y poner fin a ese ciclo de autodestrucción.

Déjame contarte una historia que te mostrará cómo este cambio que debe ocurrir no siempre es fácil.

La historia cuenta que en cierta ocasión un huevo cayó del nido de una imponente águila que anidaba muy cerca de una granja. El huevo rodó hasta parar cerca a un gallinero. El granjero tomó el huevo y lo colocó en el nido de una de sus gallinas, creyendo que era de allí de donde había caído.

El aguilucho nació en medio de aquel gallinero y como cualquier animal, comenzó a actuar de acuerdo con lo que veía a su alrededor. No intentó volar como debería haberlo hecho, y al ver que su supuesta madre no le traía comida, comenzó a escarbar en la tierra en busca de insectos y comenzó a comer semillas y granos, tal como lo hacían los demás polluelos.

Con el tiempo, aquel aguilucho terminó actuando tal como lo haría cualquier gallina, a pesar de sentir cierta aflicción cuando en ocasiones veía a las otras águilas que volaban cerca del gallinero.

Entonces, el águila comenzó a cuestionar a las demás gallinas acerca del por qué ellas no volaban por los aires al igual que otras aves. Pero las gallinas burlonamente le reprochaban esas absurdas ideas y le decían que debía comportarse como una gallina normal. Pronto abandonó sus locas ideas y continuó comportándose como cualquier gallina normal.

— En otras palabras, sucumbió ante la influencia de su entorno, ¿no es así?

— Exactamente Mateo, ya veo que sabes para dónde voy con esta historia. El águila se vio a sí misma como una gallina más y comenzó a actuar como tal.

Con el tiempo, sus alas se atrofiaron, perdió la ilusión de volar y muy pronto era una más de las gallinas que habitaban aquella granja. Para muchas personas, tristemente, esta es la historia de su vida.

No obstante, algo continuaba inquietando a aquella águila. Algo en su interior le decía que ella era distinta a las demás gallinas, que estaba bien querer volar, que no era una idea tan alocada como el resto de las gallinas parecía pensar, que era posible, que valía la pena intentarlo.

Por primera vez se le ocurrió que quizás ella era una gallina especial o quizás no era una gallina, sino una de esas hermosas aves que volaban por los cielos, con imponencia y alcurnia. Un día subió hasta la alta cima que se elevaba cerca del gallinero para lanzarse al vacío y probar de una vez por todas que su idea no era tan absurda como parecía.

— Mateo ¿qué crees que sucedió cuando el águila se lanzó al vacío?

— Voló por los aires y pudo comprobar lo que siempre supo, que era distinta, que no era igual a las demás gallinas. ¿Es esa la lección? Si te atreves a desafiar tus aparentes limitaciones, podrás descubrir tu verdadero potencial. ¿Es esa la lección Farid?

— Me alegra ver tu entusiasmo y tu entendimiento Mateo, muchas personas se beneficiarán algún día de tus enseñanzas. Quisiera poder decirte que esa fue la lección que aprendí de aquella águila. En ocasiones algunas personas dan este paso, y esa decisión les permite sobreponerse a las limitaciones que las detienen para utilizar su verdadero potencial. Cuando esto sucede se liberan de las dudas y las falsas creencias que limitan su potencial y descubren el camino hacia la cumbre del éxito.

Desgraciadamente algo menos virtuoso sucedió con nuestra águila novata. Al lanzarse al vacío, sus alas atrofiadas por falta de uso, no le permitieron volar como ella lo había visto hacer a las demás águilas y después de un corto e inadecuado vuelo cayó a tierra, cerca del gallinero donde se había criado.

Al ver esto, algunas gallinas comenzaron a burlarse de ella, mientras que otras le reprocharon aquella absurda aventura que pudo haberle costado la vida. Y la invitaron una vez más a olvidarse de aquella locura de querer volar y aceptar sus limitaciones con resignación.

Decepcionada por su fallido intento y temiendo nuevas recriminaciones o burlas de las demás gallinas, la joven águila volvió a su vieja vida junto con las demás gallinas y nunca más intentó volar.

— Y como siempre sueles decir, mi señor, este es el camino más comúnmente escogido por la mayoría de las personas. Tan pronto como experimentan su primer tropiezo se dan por vencidos y renuncian a sus sueños. Qué gran enseñanza la de esta historia: nunca te des por vencido.

— Sí, Mateo, si nuestra inexperta águila se hubiese aventurado una, dos o tres veces más a intentar de nuevo su vuelo, seguramente poco a poco habría desarrollado el potencial que siempre se encontró dentro de ella, pero se dio por vencida demasiado rápido. Recuerda, siempre es demasiado pronto para renunciar a tus sueños, ya que el éxito puede encontrarse a la vuelta de la esquina.

Como habrás visto en esta historia, nosotros somos lo que esperamos ser, lo que creamos ser y lo que aceptamos ser. No lo olvides nunca, ésta es, sin duda, una de las lecciones más importantes del éxito.

Nuevamente, estas palabras resonaban en su mente y cada uno de los pergaminos leídos le presentaba la misma lección una y otra vez.

El joven capataz se prometió nunca dudar de sus propias habilidades y verse a sí mismo como el triunfador que, según su amigo y maestro, él estaba destinado a ser.

Cada uno de los siguientes pergaminos le enseñó una nueva lección, pero sin duda alguna ésta sería la que impactaría en mayor medida su vida.

CAPÍTULO **14**

. . . .

*L*os días fueron pasando y con cada historia que leía, Mateo parecía transformarse poco a poco en otra persona. Llegó a comprender por qué Farid mostraba tanto interés en que otras personas adoptaran aquellas normas de vida, que sabía que podían cambiar su destino. También comprendió por qué su maestro solía persistir en sus enseñanzas, aun cuando ciertas personas parecían no querer dejarse ayudar. Era como si su naturaleza, su mayor propósito fuese el ayudar a quien se encontrara a su alrededor.

La naturaleza de Farid se hizo abundantemente clara en una fábula que él relataba en otra de sus cartas. Este pergamino llevaba por título:

Escucha siempre la voz de tu conciencia

Querido hijo:

No permitas que otras personas te presionen a hacer algo que la voz de tu conciencia te aconseja no hacer, o que te detengan para hacer aquello que sabes que debes hacer. Busca siempre vivir en paz con la naturaleza y con los demás seres humanos y trata a las demás personas como tú desearías que ellos te tratasen.

Recuerda que siempre habrá personas que quieran desviarte de tus objetivos, de tu misión de vida, o de tu manera de ser. No obstante, debes mantenerte siempre firme a tus valores y principios.

Esta gran lección la aprendí de una fábula que muestra cómo cada criatura del universo tiene un propósito y cómo sus acciones suelen ser siempre fieles a este propósito.

La historia relata cómo cierto sacerdote hindú se encontraba sentado junto a la orilla de un pequeño riachuelo, contemplando en silencio la excepcional belleza de aquel paraje. El anciano reflexionaba acerca de la misión de cada ser en la naturaleza; acerca de lo que él llamaba el Karma que cada criatura posee, y que le lleva a actuar de una u otra manera. Poco tiempo después llegó a su lado una sedienta hiena que tras saciar su sed, se sentó a observar al anciano en su silenciosa oración.

Un tiempo más tarde llegó un escorpión, y de inmediato se dio a la tarea de cruzar el pequeño riachuelo. El anciano seguía con su mirada cada movimiento del intrépido animal. Tras escalar la primera roca y cruzar sobre un trozo de madera, llegó a un pequeño montículo de arena, el cual, desafortunadamente para el animal, cedió bajo su peso e hizo que el escorpión cayera al agua. Después de luchar infructuosamente por llegar a una roca, comenzó a pedir ayuda al anciano, quien le observaba un tanto inquieto. El anciano sintió gran pena por el animal y rápidamente se incorporó para ayudarlo.

Recogió su larga vestimenta para evitar mojarla y cuando se disponía a entrar en el riachuelo, oyó la burlona voz de la hiena que decía:

— ¿Qué estupidez estás a punto de realizar? Acaso no sabes que si tratas de ayudar a ese escorpión con seguridad te pagará con una dolorosa picada.

— Pero, ¿cómo podría dejar morir a esta criatura que obviamente clama por mi ayuda?

— No se debe confiar en nadie, en nadie, en nadie, repetía la hiena con su burlona voz.

— Haciendo caso omiso de sus advertencias, el hombre entró al agua y tendió la palma de su mano para que el escorpión pudiese trepar en ella.

El escorpión mantuvo su aguijón lejos de la mano del anciano, quien suavemente lo trajo de vuelta a tierra firme.

La hiena seguía de lejos los movimientos del anciano con una mirada incrédula y un tanto expectante. Casi desilusionada ante la aparente calma del escorpión.

Sin embargo, en el último segundo antes de dejar la mano del anciano, el escorpión dio una certera picada al hombre, provocando una fuerte risotada de parte de la hiena.

— No hay que confiar en nadie, en nadie, en nadie, te lo dije, te lo dije, ja ja ja.

Sin decir una sola palabra, el anciano volvió a su meditación, ignorando la burla de la hiena.

Unos minutos más tarde el escorpión emprendió de nuevo su tarea de atravesar el riachuelo, utilizando esta vez un ruta menos peligrosa. Con tan mala suerte, sin embargo, que otra vez cayó al agua y pronto se encontró nuevamente luchando por su vida. Después de unos minutos de infructuosa lucha, el escorpión comenzó a gritar de nuevo, suplicando la ayuda del anciano.

Sonriente el anciano se incorporó rápidamente para ir a ayudarle, ante la incrédula mirada de la hiena, quien vociferaba en contra del anciano por su repetida estupidez.

— ¿No aprendiste la lección? No se puede confiar en nadie, en nadie, en nadie.

El anciano rescató nuevamente al escorpión quien esta vez le propinó dos pinchazos al despreocupado anciano. La hiena se revolcaba en la arena celebrando a carcajadas la suspicacia del escorpión.

Una tercera vez intentó el escorpión cruzar el río, corriendo la misma suerte que las dos veces anteriores, y una vez más el anciano fue en su ayuda.

Incrédula, la hiena le preguntó con enojo:

— ¿Por qué eres tan estúpido? Acaso no ves que cada vez que trates de ayudar a ese escorpión, él te pagará con una dolorosa picada ¿Por qué te obstinas en ayudar a quien te devuelve dolor como pago por tu ayuda?

— Es sencillo, respondió el monje acercando su mano para acariciar a la hiena, quien rápidamente saltó atrás, para guardar su distancia.

— No me toques, ¿qué quieres conmigo? Apártate de mí, respondió la desconfiada hiena.

— Está bien, está bien, no te asustes. Te decía que es sencillo comprender el porqué continúo ayudando al escorpión.

— ¿Ves? El escorpión me pica no porque sea malo. Él sólo hace lo que los escorpiones saben hacer. Él me pica porque su naturaleza es picar. De la misma manera que yo le ayudo, porque es la naturaleza humana ayudar.

Y así como es mi naturaleza ayudar y confiar, la tuya es desconfiar, inclusive de la caricia de quien nunca pensaría en hacerte daño alguno.

Desconcertada, la hiena partió, mientras el hombre tomaba al escorpión y le llevaba al otro lado del riachuelo, después de lo cual volvió a su profunda contemplación de la naturaleza.

Querido hijo, tal como la hiena de esta fábula, vas a encontrar personas que querrán desviarte de tu camino. Muchas de estas invitaciones te vendrán a modo de consejos o insinuaciones, pero no prestes atención a ellos. Recuerda que nadie podrá obligarte a actuar de una manera inconsistente con tus propios principios, a menos que tú lo consientas. Tú eres el artífice de tu destino, así que escucha siempre la voz de tu conciencia.

Capítulo 15

Una tarde después de haber terminado sus labores y haber comido algo, como ya era costumbre, Mateo se retiró a su recámara a leer un nuevo pergamino.

Cada nuevo escrito lo sorprendía con una nueva lección acerca de cómo alcanzar el éxito. Sin embargo, la historia de aquella noche respondió a una de las incógnitas que por muchos años habían reposado en la mente del joven.

En él, Farid relataba algunos de los viajes que aparentemente había realizado durante su juventud, seguramente mucho antes que viniese a encargarse de la hacienda. El título que ostentaba este pergamino era:

Cuando te sientas perdido recuerda que las respuestas están dentro de ti

La leyenda narrada en aquel pergamino hablaba acerca de una época en la historia de la humanidad cuando hombres y mujeres habían abusado tanto de la sabiduría con que habían sido dotados, que el concilio de sabios decidió tomar el secreto de la felicidad y el éxito y esconderlo fuera del alcance de hombres y mujeres, en un lugar dónde nunca pudiesen volver a encontrarlo.

Sin embargo, el mayor interrogante parecía ser encontrar dónde esconderlo, de manera que nunca más pudiese ser descubierto. Así que se reunió el consejo de todos los sabios para discutir esta pregunta, y el más sabio de ellos dijo:

— ¿Dónde podremos esconder el secreto de la felicidad y el éxito, de manera que esta humanidad que tanto ha abusado de él nunca más pueda volver a encontrarlo?

Uno de los sabios, miembro del concilio, sugirió enterrarlo en lo más profundo de la tierra, fuera del alcance de hombres y mujeres, pero el más sabio de todos contestó:

— No, nunca funcionaría. El hombre podrá excavar hasta los rincones más profundos de la tierra, y entonces lo encontraría.

Otro de ellos dijo:

— ¿Por qué no ocultamos el secreto de la felicidad y el éxito en las tenebrosas oscuridades del más profundo de los océanos? Ciertamente será imposible encontrarlo en tan recónditos parajes.

No obstante, el más sabio de todos contestó otra vez:

— ¡No! No allá, con el tiempo el hombre seguramente aprenderá cómo llegar a la parte más honda del más profundo de los océanos y se apoderará nuevamente de él.

Una vez más, otro de los sabios se aventuró a sugerir un lugar aparentemente inaccesible, y propuso:

— Tomaremos el secreto de la felicidad y el éxito, lo llevaremos a la cumbre de la montaña más alta del planeta y lo esconderemos allí.

— No, respondió el más sabio de ellos nuevamente, siento contradecir una vez más vuestras sugerencias, pero tengo la certeza que un día el hombre aprenderá cómo escalar inclusive la más alta de todas las montañas, y entonces encontrará nuevamente el secreto del éxito y la felicidad y se adueñará de él.

Finalmente, desilusionados ante su aparente inhabilidad para encontrar un lugar fuera del alcance de los seres humanos, donde esconder el secreto del éxito y la felicidad, se dieron por vencidos diciendo:

— Parece no haber lugar sobre la faz de la tierra donde el hombre, tarde o temprano, no vaya a llegar y pueda encontrar nuevamente el secreto del éxito y la felicidad.

Una vez más, el más sabio de todos los hombres tomó la palabra y dijo:

— He aquí lo que haremos con el secreto de la felicidad y el éxito para que hombres y mujeres nunca puedan encontrarlo. Lo enterraremos muy dentro de sus propias mentes, ya que seguramente ellos nunca pensarán buscarlo dentro de sí mismos.

Según cuenta la historia, hasta el día de hoy, hombres y mujeres han viajado por todos los rincones de la tierra y el mar, escarbando, escalando y navegando en los confines más recónditos del universo, en busca de algo que ya se encuentra dentro de sí mismos.

Hijo mío, la mente humana tristemente es un paraje poco explorado. Ella es la cuna de nuestros valores, creencias y aptitudes. También se encuentran ahí nuestros sueños, metas y aspiraciones. Y tú te has encargado de poner allí tanto los unos como los otros, así que ten cuidado, ya que los valores y creencias que introduzcas en tu mente, determinarán los sueños y metas que decidas perseguir.

En tu interior existe un enorme potencial, el cual debes cultivar y al cual debes dar salida. Siempre he creído que en tu interior se encuentran las respuestas a todos los interrogantes que puedas tener. Así que cuida de no caer en el error de rechazar tus propias ideas por el simple hecho de ser tuyas, como muchas personas suelen hacer, tal vez creyéndose incapaces de generar grandes ideas.

Debemos aprender a detectar aquellas ideas que nacen en nuestro interior. Si no lo hacemos corremos el peligro que el día de mañana otra persona las presente como suyas, con mucha convicción y orgullo, y nos veamos en la penosa situación de escuchar nuestras propias ideas de labios de otra persona.

Las ideas, intuiciones y presentimientos que solemos experimentar son la manera como nuestra mente responde a nuestras inquietudes. Todo lo que debemos hacer es escuchar con atención y actuar.

Mateo notó que en la parte inferior del pergamino, muy cerca del borde y escrito con una tinta casi imperceptible, se encontraba una pequeña anotación que seguramente Farid había hecho mucho después de haber realizado el escrito original.

La nota decía: "Qué triste saber que tan pocas personas piensan en buscar dentro de sí mismas algo que siempre ha estado allí: el secreto para vivir una vida plena y feliz. Qué triste que en medio de nuestra ceguera no nos sintamos merecedores de portar tan valioso legado".

Entonces Mateo finalmente entendió que lo que Farid había querido hacer durante sus acostumbradas caminatas era precisamente ayudarle a entender que el secreto para vivir una vida plena y feliz no necesariamente se encontraba en sus palabras, o en las historias que con tanta emoción compartía, sino que se encontraba dentro de su propia mente.

Capítulo 16

Cuando Serafín finalmente terminó de construir la casa, volvió a sus quehaceres normales, ya que algunas de sus tareas se habían visto retrasadas.

Después de evaluar el resultado de su trabajo, advirtió, con más rabia que remordimiento, la verdad encerrada en las proféticas palabras que su amo pronunciara aquella tarde, tras examinar los cultivos de algodón recién cosechados. Le había tomado casi el doble de tiempo haber realizado su trabajo de la pobre manera como lo había hecho, teniendo en cuenta el tiempo que debió gastar tratando de disimular al máximo lo mediocre del mismo.

No obstante, el capataz había terminado por mirar con orgullo el fruto de su propia pequeñez, de la misma manera que el chiquillo aquel que después de realizar una travesura, mira con deleite cómo ésta ha pasado inadvertida a los ojos de sus padres.

Y aunque se deleitaba al escuchar elogios a su trabajo, por parte de aquellas personas totalmente ajenas a la
calidad del mismo, muy dentro de sí le acosaba la ansiedad de quien teme que su mediocridad eventualmente
sea descubierta y su pecado finalmente lo delate.

Su vida contrastaba con todo aquello que Farid ense-
ñaba en sus pergaminos. No deseaba cambiar nada en
su manera de actuar, en su trabajo y mucho menos en el
mundo ya que, según él, no era algo que fuera de su
incumbencia.

No tenía metas a largo plazo de ninguna clase, ya
que le parecía que planear para el mañana era perder el
tiempo. Su filosofía era vivir el hoy, trabajar lo necesario, comer lo suficiente y preocuparse lo menos posible.

¿Para qué planear? Solía decir: lo que va a ser para
uno será para uno. El tiempo y el destino dirán qué será
tuyo y qué no. Ese desinterés total por su futuro fue siempre su filosofía de vida y fue también su peor enemigo.

Serafín sentía que tratar de mejorar la productividad
de su trabajo era vano y sin sentido, ya que simplemente había demasiados factores impredecibles que a la postre
eran lo que determinaban qué tan bien o mal resultaban
las cosas. Aunque respetaba a Farid y había trabajado
para él durante muchos años, en el fondo resentía el
éxito de su amo.

Pensaba que era absurdo trabajar más duro de lo
estrictamente necesario en unas tierras que no eran las

suyas. Este argumento precisamente había sido el origen del único altercado que él y Mateo habían tenido. No obstante, de ahí en adelante la relación entre los dos hombres nunca fue la misma.

El incidente había ocurrido un par de días antes, cuando Mateo lo recriminó por no tomar ciertas medidas que sin duda hubiesen mejorado enormemente la cosecha de aquel año. Mateo deseaba poder tenerle los mejores resultados a Farid a su regreso y no podía entender el total desinterés de Serafín.

— Ya sabes qué pienso de esas tales mejoras, le había respondido.

— Es tu responsabilidad hacer cuanto esté a tu alcance para asegurarte que logremos la mejor cosecha posible.

— Es mi responsabilidad recoger la cosecha que dé la tierra. Además, ¿por qué tanta preocupación? Esta no es tu hacienda ni la mía. Así que ¿por qué te afanas tanto?

¿Por qué te apura tanto romperte la espalda en algo que no es tuyo?, le preguntó con rabia Serafín. Un día daré el cien por ciento, pero ese día será cuando esté trabajando mi propia tierra. Ese día lo haré, no antes.

— ¿No te das cuenta de lo absurdo que eso suena? Si esperas a tener tu propia tierra para dar lo máximo de ti, cuando suceda, si es que sucede, no vas a poder dar el cien por ciento, porque nunca lo has hecho, así que no sabrás cómo hacerlo.

— ¡Ah! Ya estás empezando a hablar como Farid. Tú preocúpate por tu trabajo que yo me preocuparé por el mío. Y dicho esto, Serafín se marchó.

Serafín nunca entendió que con cada una de sus acciones él construía su carácter y moldeaba la persona en la cual se iba convirtiendo poco a poco. Él solo veía que si mejoraba, el mayor beneficiado sería Farid.

Este modo de pensar era lo que lo había llevado a realizar su trabajo de manera mediocre al construir la casa que su amo le había encomendado. No lograba entender que aunque otros se beneficiarían si él mejoraba su manera de actuar, el mayor impacto se vería en su propia vida. Decidió no cambiar por evitar beneficiar a otros, y en virtud de su decisión rehusó cualquier posibilidad de influir positivamente en su propia vida. Esa fue su decisión y esa sería su condena.

CAPÍTULO 17
. . . .

$\mathcal{E}$l último pergamino de estas *Leyes Universales del Éxito*, llevaba por título:

No permitas que nadie quebrante tu espíritu o robe tus sueños.

Querido hijo:

Un gran hombre dijo alguna vez: "Muéstrame un obrero con grandes sueños y en él encontrarás un hombre que puede cambiar la historia. Muéstrame un hombre sin sueños, y en él hallarás un simple obrero".

Cualquier persona comprometida con un gran sueño puede cambiar el rumbo de la humanidad. Tus sueños, tus valores y tus ideales son la esencia de quien eres. Tú eres tus sueños y tus ideales. Tus valores y tus principios no son simplemente características que hablan de ti. Ellos son tú y tú eres ellos. Ellos te definen, por eso debes protegerlos con recelo y no permitir que nadie te incite a actuar en su contra.

Los grandes triunfadores no se definen por la fortuna que han podido acumular, por la cuantía de sus posesiones materiales, ni los títulos que posean, sino por la esencia de su carácter.

Aun en medio de las peores circunstancias imaginables, tu carácter, tus sueños y tus valores te dan la fuerza para salir adelante y sobreponerte a cualquier obstáculo que puedas encontrar. Así que protégelos siempre, trabaja para fortalecerlos cada día y con cada acción.

En cierta ocasión escuché la historia de un hombre cuyo ejemplo me puso de manifiesto con absoluta claridad cómo, aun en medio de las peores circunstancias, es posible extraer fuerza y coraje de nuestros sueños para mantener viva la llama del espíritu.

Puedo decir que este hombre se encontraba viviendo una de las peores experiencias posibles para un ser humano, ya que su pueblo había sido esclavizado por un reino vecino y él había sido separado de su familia para ser enviado a trabajar en una de las haciendas algodoneras que se encuentran en la parte más septentrional del rió Dijhan, a unas veinte jornadas de camino de estos parajes.

Siempre he visto con repudio y dolor la esclavitud a que algunos pueblos son sometidos por parte de otros. No obstante, en medio de la tragedia salen muchas veces historias que ilustran el valor y la pasión del espíritu humano.

Según la historia, dicha hacienda contaba con un gran número de esclavos que trabajaban sus tierras. Este grupo de hombres y mujeres comenzaba sus labores con la salida del sol y continuaba, en ocasiones, hasta ya entrada la noche.

Eran jornadas largas y penosas bajo la vigilancia de un rudo y perverso mayoral, quien solía exigir de ellos un esfuerzo descomunal para cualquier ser humano. Parecía no tener ninguna consideración con este puñado de hombres y no toleraba ningún tipo de indisciplina o nada que no fuese total sumisión.

Con frecuencia muchos de los esclavos enfermaban, víctimas del abuso, y en ocasiones morían como resultado del trato inhumano a que eran sometidos. No obstante, todo esclavo que moría, era reemplazado rápidamente por otro joven a quien generalmente le esperaba la misma suerte.

Los esclavos hablaban poco entre sí, su espíritu visiblemente quebrantado les había enseñado a no esperar mucho de la vida. Su visión y ambiciones se limitaban a sobrellevar cada día evitando en lo posible los horribles castigos que solía propinar el capataz cuando se cometía un error o cuando, abatido por el duro trabajo, alguien se desplomaba, víctima del profundo cansancio.

En cierta ocasión llegó un joven esclavo a la hacienda. Sin embargo, en este hombre había algo excepcionalmente distinto; exhibía una actitud altiva y radiante y había un brillo de esperanza en sus ojos, inusual entre aquellas personas que han corrido la misma suerte. El joven era ágil y rápido y su pensamiento parecía no estar en aquel momento o en aquellas circunstancias.

Un par de meses después de su arribo, era obvio para los demás que éste no era un hombre ordinario. Es más, este hombre no parecía ni siquiera un esclavo. Compartía con sus compañeros de penuria historias sobre los viajes que había realizado a otras tierras, cuando su pueblo aún no había sido invadido. Hablaba de lo que quería hacer con su vida. Animaba a los demás a no permitir que su espíritu fuese quebrantado y constantemente los exhortaba a aferrarse a sus ilusiones y anhelos con todas sus fuerzas y a no permitir que el despiadado capataz les despojara de sus sueños.

Desde el primer día de su llegada había limpiado una pequeña parte del terreno aledaño a la caleta donde dormía el grupo y había sembrado algunos vegetales y cada día después de la faena venía a cuidar de él. No importaba qué tan dura hubiese estado la faena, antes de irse a dormir aquel hombre atendía sin falta las necesidades de su huerta.

Sobra decir que su actitud optimista y la influencia negativa que, según el caporal, este hombre ejercía sobre el resto del grupo de esclavos, no tardó en ganarle el rencor del vil encargado, quien veía su actitud como una clara muestra de rebeldía e indisciplina.

Como castigo a su osadía, para aquel hombre estaban reservados los peores trabajos, los más duros, los más inhumanos. Las golpizas y castigos eran frecuentes y el capataz siempre se las arreglaba para que su jornada se prolongara mucho después que el resto del grupo se hubiese retirado a descansar.

Después de doce horas de duro trabajo era tal el cansancio que aquellas personas apenas si tenían fuerzas para consumir sus alimentos y caer en el piso doblegados por la fatiga. Era vital para poder soportar la ardua faena del día siguiente, descansar y aprovechar la mayor cantidad de horas de reposo para así recuperar las energías perdidas.

Así que podrás imaginarte, hijo mío, el estado en que llegaba aquel hombre después de haber tenido que trabajar, no doce horas como el resto del grupo sino quince, dieciséis y, a veces, hasta dieciocho horas seguidas.

Pero sin importar su cansancio, ni su precario estado, ni la hora que fuera, aquel hombre buscaba siempre el tiempo para atender su huerta.

Sus compañeros no lograban entender la razón del empeño que ponía en el cuidado de este huerto. Después de todo no es que diera demasiado fruto y el poco que producía lo regalaba a las cocineras, y cuando llegaba tarde en la noche era poca la comida que quedaba.

Sin embargo, pronto supieron sus compañeros de infortunio la verdadera razón de su constancia.

Una noche, después de haber trabajado más de dieciocho horas seguidas, llegó el hombre a las barracas,
mucho después que el resto del grupo. Su cuerpo cu-
bierto de lodo de pies a cabeza, las llagas en sus manos
exponían las carnes rojas, pulsantes y a punto de esta-
llar. El cansancio era tal que sus últimos pasos debió
tomarlos con la ayuda de dos de sus compañeros, de
otra manera no hubiese podido llegar hasta el rincón
donde usualmente dormía.

Sin embargo, para sorpresa de todos, el hombre no
se dispuso a descansar como el resto del grupo lo hacía,
sino que sacó de entre sus pocas pertenencias las rudi-
mentarias herramientas con que trabajaba su huerta y
se dispuso una vez más a atender sus plantas.

El más antiguo de todos los esclavos le reprochó frente
a los demás.

— ¿Qué pretendes hacer? ¿Es que acaso quieres acabar
con tu vida? Nosotros estamos extenuados y tratamos
de descansar lo más posible para la dura faena de
mañana y tú que has trabajado el doble que cualquiera de nosotros lo único que se te ocurre es tomar tus
malditas herramientas para atender esas plantas. ¿Qué
buscas con ello?

Sin exaltarse ni perder la compostura el joven le respondió:

— Hoy he trabajado dieciocho horas para otra persona;
consiguiendo con mi sudor que él vea sus objetivos

hacerse realidad, bajo las órdenes de una persona que ni siquiera me gusta, y qué desgracia sería irme a dormir sin haber trabajado por lo menos una hora para mí mismo.

Y habiendo dicho esto se retiró a trabajar en su huerta, como de costumbre.

¿Ves hijo mío? Su huerta era su manera de proclamar que aunque su cuerpo y esfuerzo fuesen explotados y abusados por otro, había algo que aún era suyo, que aún le pertenecía. Su trabajo en aquel jardín era su manera de mantener viva la esperanza y fuerte su espíritu.

Que la historia de este valiente hombre te enseñe una de las más importantes lecciones para alcanzar el éxito. No permitas que nada ni nadie quebrante tu espíritu. Sueña en grande, sé un celoso protector de tus sueños y tus valores y, sobre todo, no permitas que nadie robe tus sueños. Recuerda que al igual que el capataz aquel, otras personas pueden detenerte temporalmente para alcanzar tus metas, pero tú eres el único que puedes detenerte definitivamente.

Capítulo 18

Aquella mañana Mateo dio el primer paso en su decisión de convertirse en una herramienta de cambio en la vida de otras personas. Reunió a aquellos que trabajaban bajo su mando y comenzó a hablarles acerca de las cosas que había aprendido en los últimos meses a través de los pergaminos escritos por Farid.

El joven capataz siempre había tenido una buena relación con todos ellos, pero su trato se había limitado a los quehaceres de la hacienda y a las labores correspondientes a sus trabajos. Pocas veces habían compartido sus asuntos personales, por considerarlo inapropiado.

"Queridos amigos", dijo con firmeza, "sé que muy pocas veces hablamos acerca de otros temas que no sean de nuestras responsabilidades aquí en la hacienda, pero de un tiempo hacia acá, muchas cosas han cambiado en mi vida".

El grupo se mostraba un tanto extrañado, pero escuchaba con atención. "Seguramente, muchos de ustedes habrán notado cómo durante los últimos meses he pasado mucho tiempo en el penoso trabajo que me encomendara Farid. Pero la verdad es que no todo el tiempo lo he dedicado a remover escombros. Algo maravilloso ha sucedido; guardado entre ese montón de piedra, maderos y trastos viejos, he encontrado el secreto del éxito: algo que ha cambiado por siempre mi vida".

En seguida sacó de su bolsa los pergaminos y los sostuvo en sus manos.

"Durante las largas caminatas que solíamos dar con Farid, yo le escuchaba pasivamente mientras él compartía conmigo aquellos principios que para él guardaban gran significado. Y aunque sus historias eran entretenidas, la verdad es que sólo hasta que tuve la oportunidad de leerlas nuevamente en estos empolvados pergaminos he podido apreciar la gran sabiduría contenida en ellas. Especialmente, estos diez pergaminos que Farid ha llamado *Las leyes universales del éxito*.

En un principio creí que estos eran simples mensajes que Farid deseaba que yo aprendiera para administrar mejor sus propiedades. Sin embargo, he descubierto que en ellos se encuentra el secreto para lograr el éxito en cualquier área de nuestra vida. También comprendí que lo que Farid verdaderamente deseaba era que yo pudiese compartir estos preceptos con otras personas.

Así que quiero que hoy sea el primer día de muchos que dedicaremos al estudio del éxito. Y espero que de igual manera ustedes compartan estos preceptos con sus familias y con cuanta persona puedan hacerlo".

Por varias horas estuvieron departiendo aquel grupo de hombres. Poco a poco cada uno de ellos fue abriendo su mente y su corazón a lo que estaba ocurriendo. A estas primeras reuniones siguieron muchas más; y cada día se unían más personas al grupo. Estos, a su vez, comenzaron a pregonar los preceptos a sus familias, a los mercaderes con quienes negociaban y a los peones que estaban a su cargo.

"Todos nosotros somos el resultado colectivo de nuestras decisiones, acciones y experiencias pasadas", repetía una y otra vez Mateo.

"Son estas decisiones, acertadas o erradas, las que han producido quienes somos hoy. Cada uno de nosotros ha sido el artífice de nuestro éxito o nuestro fracaso. Somos los arquitectos de nuestro destino, le hemos dado forma a nuestra vida al fabricar las creencias y los hábitos de éxito que nos han permitido triunfar, o las limitaciones y malos hábitos que no nos han dejado salir adelante.

No obstante, lo verdaderamente importante de entender es que todo hábito comenzó como un simple pensamiento en la mente de cada uno de nosotros. Y ese pensamiento puesto en acción, una y otra vez, llegó a convertirse en un hábito que produjo ciertos resultados predecibles. Cuando sembramos un pensamiento en nuestra mente, cosechamos un hábito; cuando sembramos un hábito cosechamos un carácter, y es nuestro carácter el que determina nuestro destino".

Y así Mateo continuó pregonando las verdades que había descubierto en aquellos pergaminos. Con el tiempo, ellas le convertirían en un hombre muy rico. Su familia continuó beneficiándose de estos principios por muchas generaciones y su fama se extendió por muchos lados del mundo.

Capítulo 19

𝓛a tarde en que llegó la caravana que traía a Farid de regreso a la hacienda, había culminado con una lluvia torrencial que se inició dos días atrás ocasionando numerosos estragos en algunas de las murallas que delimitaban la hacienda por la parte sur.

Farid llegó saludando a todos y actuando como si sólo hubiese estado ausente algunas horas. Cenó y después llamó a Mateo para dar su acostumbrada caminata.

Después de hablar del estado de la hacienda, de cómo había estado la cosecha y de las finanzas, los dos hombres comenzaron a hablar sobre el trabajo que el joven había realizado en la demolición de la vieja casona.

— Mateo, debo agradecerte el amor con que hiciste un trabajo que sabías significaba mucho para mí. Puedo ver en tu cara que derrumbando aquellos viejos muros de adobe te tropezaste con algo que tiene un infinito valor para mí y que deseaba compartir contigo especialmente.

Tú bien sabes Mateo que desde que murió mi amada Isabel y comprendí que quizás nunca iba a tener el heredero con quien compartir ese tesoro, he puesto en ti mis esperanzas para que seas tú quien comparta con el resto del mundo la sabiduría de los principios contenidos en esos empolvados pergaminos.

Yo ya estoy viejo y mi vida está acercándose a su final. Sin embargo, no quiero que mueran conmigo estas enseñanzas que tanta felicidad y paz han traído a mi vida.

Mateo escuchaba a su amo con atención, evidentemente conmocionado por la invitación que Farid le hacía a continuar con esta labor tan sublime que seguramente le permitiría tocar las vidas de muchas otras personas.

— ¿Qué quieres que haga mi señor? Siento que mi vida se ha enriquecido mucho al leer estos pergaminos, pero siento que aún tengo mucho que aprender.

— Aprenderás Mateo, aprenderás. La vida es un continuo aprendizaje. Sin embargo, ten presente que lo que estos pergaminos te han permitido ver no es algo que ya no existiera dentro de ti. El verdadero aprendizaje ocurre cuando comienzas a conocerte a ti mismo; cuando descubres tu misión de vida y te encuentras con tu verdadero potencial.

No olvides que lo verdaderamente importante no son las ideas escritas en esos viejos pergaminos, sino lo que tú decidas hacer con ellas. Si las pones en práctica, seguramente te traerán mucho éxito y prosperidad y te generarán grandes riquezas en tu vida. Si las ignoras, nada cambiará en tu vida y su existencia no habrá significado nada. En esencia, sería como si ellas hubiesen muerto conmigo.

De la misma manera, si sólo utilizas estos principios de éxito para tu propio beneficio y no los compartes con otras personas, la gran sabiduría que ellos encierran morirá contigo Mateo.

— Mi buen señor, desde que comencé a leer estos pergaminos pude sentir cómo estos principios comenzaron a cambiar algo en mí, en mi visión del mundo y en mi manera de actuar. Sin embargo, su fuerza venía de saber que tu éxito, del cual yo he sido testigo, fue el resultado de haber puesto en práctica esos mismos principios. Sólo espero que mi vida pueda también servir de ejemplo a otros y que pueda, de igual manera, dar fe de la validez de tan extraordinarias enseñanzas.

— Recuerda Mateo, sólo hay una manera de cambiar el mundo: comienza cambiando tú mismo y poco a poco el mundo cambiará contigo.

Nuevamente, el caer de la tarde trajo a los dos hombres de regreso a casa. Mateo se retiró a su recámara sintiendo la presencia dentro de sí de aquel gigante interior al cual Farid se refería en sus escritos.

Capítulo 20

. . . .

Al día siguiente Farid llamó a Serafín para que le acompañara a dar una vuelta por los alrededores de la hacienda.

— ¿Cómo anduvo todo durante mi ausencia Serafín?

— Sin mayores novedades, patrón. La cosecha de trigo no estuvo tan buena como se esperaba, debido a lo prolongado del invierno, pero las pérdidas hubiesen podido ser peores, así que debemos darnos por bien librados.

— Veo que terminaste la casa. Anoche examiné las cuentas y observé que todo estaba en orden; te será grato saber que te pagaré el doble por tu trabajo durante el tiempo que tuviste que realizar la construcción de la casa junto con tus otros deberes y obligaciones.

— Gracias por su generosidad patrón, respondió Serafín. La sola idea de saber que su mediocridad no sólo había pasado inadvertida sino que había sido premiada por partida doble era evidencia de lo que él ya había terminado por aceptar como una verdad incuestionable, que la mediocridad, audazmente encubierta, daba excelentes resultados.

Como si hubiese podido leer el pensamiento de su capataz, o tal vez interpretando la irónica sonrisa que por unos instantes se dibujó en su rostro, Farid le miró directamente a los ojos, con una miraba penetrante e inquisitiva, poco común en él, y despaciosamente le dijo:

— Serafín, déjame hacerte una pregunta, ¿Estás satisfecho con el trabajo que has realizado? ¿Te encuentras totalmente satisfecho con la casa que has construido?

— Después de unos segundos de vacilación, Serafín respondió con firmeza: totalmente satisfecho patrón, usted sabe la clase de trabajo que yo hago. Puede estar tranquilo, que se hizo el mejor trabajo posible; va usted a tener una hermosa casa, digna de quien la ocupará, patrón.

— Pues, me alegra mucho oír eso, respondió el anciano, porque te tengo una sorpresa Serafín: la casa es tuya, puedes vivir en ella por el resto de tu vida.

Antes de salir de viaje, me enteré que deseabas poder construir una casa para ti y tu familia. Pensé que este sería un buen regalo de mi parte como reconocimiento a los largos años que llevas trabajando conmigo. Aunque en un comienzo creí que lo mejor era contratar a uno de los constructores del pueblo, decidí que quién mejor que tú podías encargarte de ella.

Así pues, Serafín, felicitaciones por tu nueva casa, puedes ocuparla tan pronto como lo desees.

Serafín palideció al escuchar esto, su cuerpo experimentó un enorme vacío y no pudo proferir palabra alguna.

De repente, todas y cada una de las mediocridades y desatinos en los que había incurrido durante la construcción de la casa desfilaban ante sus ojos.

La rabia que sentía por su mala suerte sólo era superada por el resentimiento y aversión hacia su amo. Para él, esta mala suerte no había sido el fruto de su mediocridad sino el resultado de una mala pasada que la vida le había jugado a propósito.

Farid no necesitó más que ver su reacción inicial para comprobar lo que ya sospechaba. No obstante, él sabía que esta era la misma lección que, de diferentes maneras, la vida había tratado de enseñarle al desleal capataz y que, finalmente, después de prestar oídos sordos a todas sus enseñazas, cruelmente, debió aprender en carne propia.

La reacción del capataz era fácilmente entendible, ya que la persona mediocre siempre encontrará justificación para su mediocridad. Sus infortunios y fracasos nunca han sido su propia culpa, sino la culpa del medio o el resultado de una conspiración en su contra. Es como si su misma mediocridad les cegara ante el hecho de que el lugar donde ellos se encuentran ha sido el resultado de su propia elección.

Cuando Farid le dijo: "Felicitaciones por tu nueva casa, puedes vivir en ella por el resto de tu vida", lo que el resentido capataz escuchó, fue: "Felicitaciones, como premio a tu pobre actitud, quiero condenarte de por vida a vivir en el producto de tu propia mediocridad".

Serafín nunca logró reponerse de aquel golpe y tristemente terminó sus días viviendo en aquella casa, amargado, culpando al mundo, al destino y a su amo por sus propios infortunios. Sus hijos heredaron de él aquel desdén que durante toda su vida caracterizó a quien fue incapaz de ver que al sembrar malos hábitos labraba su propio fracaso.

Capítulo **21**
· · · · · · · · · · · · · · · ·

$\mathcal{D}$espués de la muerte de Farid, Mateo recibió con sorpresa la noticia que su amo le había escogido para que continuara la labor de sacar adelante la hacienda que daba trabajo a tantas personas, y que con el tiempo había llegado a convertirse en el centro de intercambio comercial más importante de aquella región. Mateo fue cuidadoso en entregar a los dos hermanos de Farid la parte que él indicara en su testamento.

Durante los más de cuarenta años que siguieron a la muerte de Farid, Mateo dirigió los destinos de la hacienda. La productividad y riqueza de ésta superó en más de cien veces la alcanzada durante los años en que su amo estuvo al frente de ella.

El nombre de Mateo llegó a gozar de gran respeto y popularidad en toda la región, igualado únicamente por el que alcanzó su bienamado amigo Farid y el de un gran hombre a quien muchos conocían simplemente como el vendedor más grande del mundo.

A lo largo de toda su vida Mateo supo ganar el aprecio y cariño de la gente. Su amor por los demás fue, lo que a su modo de ver, le permitió cosechar tantos éxitos. A su muerte, personas de todos los rincones de la región, mercaderes de los lugares más remotos del lejano oriente y la antigua Mesopotamia, viajeros del África y la India lloraron la partida de quien fuera, para todo aquel que le conoció, un amigo sincero y leal.

De acuerdo con sus deseos, el día de su funeral, su hijo mayor, a quien había dado el nombre de Farid, en honor a su amigo y maestro de toda la vida, leyó el último mensaje que su padre quiso compartir con quienes supieron apreciar su amor y su bondad. El mensaje decía:

Queridos amigos:

Sólo muere aquel ser que ha pasado por el mundo sin dejar huellas en él. Sin embargo, hoy sé que aquella persona que ha sembrado su amor y enseñanza en los corazones de las demás personas, sin proponérselo le ha dado inmortalidad a su alma.

Sólo podemos decir que hemos triunfado si nuestro éxito se manifiesta en los logros de nuestros hermanos.

Trascender en el tiempo y el espacio no es más que compartir nuestra sabiduría y experiencia con los demás seres del universo, de tal manera que su éxito sea también el nuestro.

Qué triste la vida de aquel que sólo puede celebrar su propios logros y qué enriquecedora es la vida de quien puede celebrar los éxitos de los demás, porque considera que esos logros son, en parte, su propio éxito.

Si se me preguntase cuál ha sido mi mayor éxito, diría sin temor a equivocarme que el logro del cual me siento más orgulloso es el de haber podido ayudar a quienes me lo permitieron, a descubrir el enorme potencial que ya residía dentro de cada uno de ellos.

Hoy, finalmente, he comprendido las sabías palabras de mi amigo y maestro, cuando decía que este hermoso mundo que hemos encontrado a nuestra llegada no es más que un regalo de Dios para cada uno de nosotros y que la manera en que lo dejemos a nuestra partida no es más que nuestro regalo de vuelta para con Dios.

Como pocos de ustedes tuvieron la oportunidad de conocer a mi viejo amigo y maestro, y yo ya no estaré físicamente para transmitirles sus sabías enseñanzas, he querido que mi último regalo al mundo sea un preciado obsequio que hace casi medio siglo mi bienamado amigo me hiciera.

Quiero dejarles unos preceptos que de ser aplicados pueden cambiar la vida de cualquier persona y pueden ayudar a quien los practique a desarrollar al máximo el potencial que ya se encuentra dentro de sí y que sólo espera ser utilizado para ayudarle a alcanzar sus metas más ambiciosas y vivir una vida plena y feliz.

Quiero que tomen estos polvorientos pergaminos, acabados por el tiempo, y los graven en lo más profundo de sus mentes y sus corazones, para que el tiempo y el espacio nunca puedan borrarlos. Utilícenlos para su bien personal y compártanlos con todo el mundo, ya que el verdadero éxito no está en alcanzar las cumbres más altas, sino en mirar hacía atrás y ver que a lo largo del camino hemos ayudado a otras personas a conquistar sus propias cimas.

No dudo que a todo lo largo de la historia muchos de estos preceptos serán responsables por el éxito de cientos de miles de personas. Por esta razón, si mi hijo y el hijo de mi hijo y alguien más en su descendencia decidieran aceptar mi invitación a dedicar su vida a dar a conocer estos preceptos, quisiera que junto con estas leyes universales del éxito, exaltaran las vidas de aquellos triunfadores cuya vida y obra dan validez a estos principios.

A mis hijos y a mi amadísima esposa quiero decirles que ellos han sido mi razón de ser. Ellos han sido mi fuente de amor cuando estuve triste, de fuerza en mis momentos de debilidad y de valor en los momentos donde la duda pareció invadir mi ser. Siempre los he amado y siempre los amaré, porque hoy, ya lejos del mundo material, he podido finalmente descubrir que el amor es el único sentimiento que trasciende en el tiempo y el espacio, y que sólo aumenta en la medida en que lo compartamos con los demás.

Hasta siempre.

Los amo,

Mateo

Farid miró serenamente a la inmensa muchedumbre que se había congregado en aquel lugar para dar un último adiós a su padre. Era evidente que Mateo había logrado cumplir su misión de tocar la vida de muchos otros seres humanos.

"Si tuviese que resumir en pocas palabras la más importante idea que aprendí de mi padre –dijo con aplomo– "creo que esta sería la firme convicción que dentro de cada uno de nosotros se encuentra la semilla de grandeza necesaria para triunfar".

"Nunca olviden esto y nunca dejen de compartirlo con otras personas. Asegúrense de tener presentes estas leyes universales del éxito y entiendan que este es el más importante legado que podemos dejar a las generaciones venideras: el poder de creer en sí mismas".

FIN

QUERIDO LECTOR:

Quiero felicitarte por haber tomado el tiempo para leer este libro, el cual espero te ayude a desarrollar una mejor calidad de vida. Sin embargo, el trabajo hasta ahora comienza. Es hora de poner en marcha el plan de éxito que desarrollaste a través de este libro.

Para continuar con tu plan de crecimiento y desarrollo personal te invitamos a que visites nuestro portal de Internet www.elexito.com, una comunidad sólo para triunfadores. Allí podrás encontrar siete canales de navegación que responden a las diferentes facetas de tu vida: profesional, familiar, espiritual, financiera, salud, intelectual y recreación.

Además, regístrate gratis y recibe semanalmente nuestra revista electrónica Triunfador.net, con artículos de motivación, biografías de personas de éxito, frases motivacionales y mucho más.

He aquí algunas de las cosas que encontrarás en www.elexito.com:

- Cursos en línea para tu desarrollo y crecimiento personal.

- Tests de auto evaluación en cada área de tu vida.

- La frase motivacional del día.

- Artículos sobre temas de pareja, familia, finanzas y mucho más.

- Foros de discusión sobre temas de éxito y motivación.

- Los mejores libros y programas en audiocasete de autoayuda.

- Información sobre conferencias, seminarios y talleres.

Únete a la comunidad de triunfadores más grande del mundo del Internet y comienza hoy a hacer realidad tus sueños.

Camilo F. Cruz

Otras obras del autor

La Vaca - Edición Ampliada

por Dr. Camilo Cruz

ISBN: 1-931059-63-2

Después de estudiar, investigar y escribir sobre el tema del éxito por casi dos décadas, el Dr. Cruz, nos resume su conclusión de que el verdadero enemigo del éxito no es el fracaso, como muchos piensan, sino el conformismo y la mediocridad. En esta extraordinaria metáfora, la vaca simboliza todo aquello que nos mantiene atados a una vida mediocre. Representa toda excusa, hábito, creencia o justificación que nos invita al conformismo y nos impide utilizar nuestro potencial al máximo.

Esta consagrada obra que más de medio millón de personas de todo el mundo han tenido la oportunidad de leer y aprovechar, ganadora del Latino Book Award al mejor libro de autoayuda en español, viene en una edición especial ampliada y reeditada que con toda seguridad sus lectores disfrutarán. Esta obra también esta disponible en su versión audiolibro en 2 CDs y en ingles en tapa dura.

Otras obras del autor

La Ley de la Atracción

por Dr. Camilo Cruz

ISBN: 1-931059-39-X

La ley de atracción establece que todo atrae su igual. Nosotros atraemos hacia nuestra vida aquello en lo que enfocamos nuestro pensamiento de manera constante. Nuestro mundo exterior es un reflejo de nuestro mundo interno, ya que nosotros mismos nos hemos encargado de crear nuestras circunstancias externas, condiciones, nivel de éxito, negocios y destino en virtud de los pensamientos que guardamos en nuestra mente.

La buena noticia es que si en este momento no estamos viviendo la clase de vida que siempre hemos deseado, podemos crear una nueva realidad cambiando el tipo de información con la cual alimentamos nuestra mente. Los principios de la ley de la atracción presentados en esta obra, son sin duda el camino más corto y efectivo para crear mejores relaciones, un nivel óptimo de salud, negocios exitosos y gran prosperidad en tu vida. Prepárate, porque aquello que deseas atraer hacia ti, si lo deseas profundamente; si crees con absoluta fe y convicción que lo alcanzarás; si responde a tu propósito de vida y misión personal, y estás decidido a persistir hasta lograrlo, seguramente ya está en camino.

11/09 ④ 10/09
10/14 ⑲ 4/13
12/18 ㉔ 11/18